荒井千暁

勝手に絶望する若者たち

GS
幻冬舎新書
051

はしがき

はじめにお伝えしたいことがあります。

この書は、職場で揺れている若い人たちの労働体系をどうするかについて論じたものではありません。つまり派遣社員やパート、請負労働者といった非正規社員のあり方にはじまって、いわゆるニート問題やワーキング・プア、さらに格差社会についての是非には触れません。

ですから、そうしたことを期待された方は、どうか本書を書棚に戻し、別の書物をお探しになってください。

この書で考えてみたいのは、まず管理監督者たちがしばしば口にする「いまの若い人たちの労働観がわからない」という点にあります。「若い人」とは一〇代であり、二〇代であるというのが一般的でしょうが、職場で中堅と呼ばれる管理監督者たちからみると、三〇代の人たちも「若い人」に含まれるようです。

その年代にいる人たちにとって、現代の職場は必ずしも働きやすい環境ではなさそうです。だからこそ「心の病で労災　最多　四割が三〇代」なる見出しが二〇〇七年五月、朝日新聞一面に掲載され、各紙も同様な報道をしたのでしょう。二〇〇六年夏の同紙一面には「心の病　三〇代社員急増」という見出しもありました。

この年代にいる人たちは、これからのニッポンを引っ張っていって欲しいと嘱望されているはずです。けれどもそれより上にいる年代の人たちは、「オレには関係ないよ」といい、「いまの若い人は甘いし、努力が足りない」といい、「若手をどうするかは、国や人事担当者が考えること」といいます。

投げてしまうには、それなりの理由があり、またあったのでしょうが、傍観しているだけでは業務の受け渡しさえ危うくなってしまいます。そこで次に考えてみたかったのは、若い人たちからみて現代の職場は働きやすい環境になっているか、という点です。

そもそもこの書を手がけることになったきっかけは、わたしが五年ほど前に抱いた疑問にありました。

「就職氷河期と呼ばれる時代に入社してきた人たちは、なぜ申し合わせたように一年や二年で辞めてしまうのだろう」

その時代に入社するには、かなりの苦難を味わったのではないか。しかも世はまだ就職氷河期でした。希望する職種に就けない人が多かったとはいえ、転職するとしても、また別の高いハードルが待ち構えているのではないか？　であるからこそ第一志望の職場に就けなかったはずなのです。

有効求人倍率が一・〇を割り込むという就職氷河期は一九九三年から始まり、〇・五の周辺まで低下した一九九八年と一九九九年は、就職難の極みともいうべき超就職氷河期と呼ばれました。二〇〇〇年と二〇〇一年にはいずれも〇・五九と、やや改善するかに見えた有効求人倍率は二〇〇二年になって、ふたたび〇・五四にまで落ちました。

二〇〇三年に〇・六四へと浮上した有効求人倍率は、二〇〇四年に〇・八三、二〇〇五年は〇・九五と、徐々に回復してきています。

五年ほど前にわたしが抱いた疑問というのは、二〇〇〇年から二〇〇二年に入社した人たち――つまり超就職氷河期以降の就職氷河期に入社した人たちに対してでした。就職氷河期とひとことでいっても、口裏を合わせるようにして一、二年でスッと辞めてしまう現象は、超就職氷河期以前までは見られなかったのです。傍《はた》から見ればいずれも厳しい就職状況だったのに、二〇〇〇年の周辺はどこか変わっていたようにも感じられるのです。

思い起こせば就職氷河期の後半は、何から何まで謎めいた時代でした。だからこそ、いまは三〇歳近くになっているはずの人たちが当時語ったことに違和感を覚えたのでしょう。その理由について本書で分析を試みたいわけですが、こうした現象については別書でも触れてみました。けれどもその書は、目的が職場のメンタル・ケアにあったことから、世代という切り取り方をさほど気にすることもなく用いていました。

就労して間もないうちに離職する傾向は、これからも延々と続くのでしょうか。この一、二年でいうなら、若者たちの正社員希望者は増えています。また、チームで大きな仕事をしたいといった希求もあるようです。それはわたしの実体験としても肌で感じていますし、入社して三年あまりで辞めてゆく人たちは以前に較べればはるかに減っています。

けれどもこうした現象は、わたしの周辺に限ったことなのかもしれません。本当はどうなのかを占ってみたかったことが、本書を綴ることになった一番の理由です。

いずれにせよ諸データからすれば、こと働くことにおいて、これから日本を背負ってゆく三〇代や二〇代の人たちにとって、現代は受難の時代のようです。

そこで第一章では離職の現状と、三〇代や二〇代とくくられてしまいがちな世代観について考えてみました。

第二章では、三〇代や二〇代の人たちが置かれている立場や環境、さらに生活観と働くことについての解析を、「世代」という角度から眺めてみることにしました。

第三章では、「仕事を通して人を育てる」とはどういうことなのかについての考察を試みました。職場教育が不足しているといった声が、若い人たちから聞こえてくるためです。

そして第四章では、現代の職場で若い労働者や組織体は、何をすればよいのかを考えてみました。

最後に付章として、若い人たちに宛てたメッセージを並べてみました。

いくつかの資料とともに若い人たちの体験や思考、また生活様式の志向などを吸い上げ、二〇〜三〇代と五〇代というギャップだけを梃子《てこ》にまとめようという試みには、不可避なバイアスが介入してきます。資料は所詮、他人の手が入った資料でしかないという限界であり、わたしという一個人も、わたしの世代を代表することは決してないという限界からくるバイアスです。

世代を論ずることの危険性を感じながら、現代の職場で起きている事象を眺めることからはじめてみようと思います。

二〇〇七年　初秋

著者

勝手に絶望する若者たち／目次

図版作成　堀内美保（TYPE　FACE）

第一章 若い人たちの離職理由と「世代」

1. 若い人たちに何が起きている？

辞めていった新入社員たちが口にした理由

わたしはいま、産業医という仕事をしています。拠点としている職場は、社内にある医務室です。その医務室でわたしは、入社して二年にも満たないうちに職場を去っていった新入社員たちの離職理由を、何度か聞く機会がありました。五年ほど前のことです。

もちろん離職を考えていた人のすべてがわたしのところに来たはずはありません。また意見交換なり自己判断をしたのちに職場へと戻り、いまは中堅クラスになっている人がいるのも事実です。とはいえ、就職氷河期の後半にあたる二〇〇〇年から二〇〇二年に入社した人たちが語った離職理由は、概ね共通していました。

似たような理由を口にして若手社員が辞めてゆくといった現象は、さまざまな組織体でも普遍的に生じていたようです。リーディング・カンパニーや報道機関、オピニオンリーダーを多数配する組織体など、いずれの業種でも生じていたことを生の意見として聞く機会は、想像以上に多くありました。

離職していった若手社員たちが述べた理由を、以下に並べてみましょう。

Ⓐ 仕事を教えてくれなかった。
Ⓑ 即戦力になれなかった。
Ⓒ 意見を聞いてもらえなかった。すべてが一方的だった。
Ⓓ したいことをやらせてもらえなかった。
Ⓔ 採用面接では、「したいことは何か」と詳しく訊《き》かれたが、実際は別の仕事になった。
Ⓕ 職場の雰囲気が悪かった。遊び場だと思っている人もいれば、陰湿な言動もある。
Ⓖ 一方的に責任を負わされた。
Ⓗ ハラスメントを受けた。

職場に横たわる問題

これらの理由は、次の要素に分類できるものと思われます。

そうなるに至ったと考えられる背景とともに列記してみましょう。

【育成教育がない】

Ⓐ 仕事を教えてくれなかった。

Ⓑ 即戦力になれなかった。

背景 教えてもらえないため、即戦力になれなかったという構図である。教えようというよりも、「教え合う環境のなかで一人ひとりが育成されてゆく」という概念が、現代の職場では希薄になった。問われれば教えるが、長期的ビジョンに立った育成がしにくい時代のようである。

【思い込みと焦り】

Ⓑ 即戦力になれなかった。

Ⓓ したいことをやらせてもらえなかった。

Ⓔ 採用面接では、「したいことは何か」と詳しく訊かれたが、実際は別の仕事になった。

背景 新入社員たちは、仕事に対するビジョンを持っている。近いうちにしたいことがやらせてもらえるはずだといった想像があるようである。いますぐ一人前になれないのなら、一体いつになったらなれるのかとの焦りも募っている。
かたや現場は、「本来したいことが入社したときからできるはずはないし、彼らだってしたいことが早々に定まっているわけでもなかろう」と考えている。
いずれにしても、双方に思い込みがある。

【職場にゆとりがない】

Ⓐ　仕事を教えてくれなかった。
Ⓒ　意見を聞いてもらえなかった。すべてが一方的だった。
背景　人員のリストラと、それに伴って補充された非正規社員の増加により、職場を統括する上で必要な要件を満たす人の総数が大きく減っている。
一方、ゆとりのなさは、成果主義が入ってきてから顕著になっている。

【世代間の軋《きし》み】

Ⓕ　職場の雰囲気が悪かった。遊び場だと思っている人もいれば、陰湿な言動もある。
背景　遊び場とは、仲良し倶楽部のような雰囲気で、わいわいがやがややっている職場の

こと。お祭り騒ぎが好きなバブル期入社組や、それを黙認している上司たちに対して、新入社員たちは不信感や違和感を抱いていたようである。

好ましい職場は〔快適職場〕のこと。遊び場とは別である。

陰湿な言動というのは、スッと匕首《あいくち》を突きつけられるようなひとことに代表される。

就職氷河期を味わった人たちの多くは、楽に入社して好き勝手に仕事をしているように見えるすぐ上の世代、つまりバブル期入社組に、Ⓕの理由を向ける。

【コミュニケーションやモラルの欠如】

Ⓖ 一方的に責任を負わされた。

Ⓗ ハラスメントを受けた。

背景 一方的に、という表現は、相互にコミュニケーションがなかったことを示している。またハラスメントの場合、行為をしたとされる者と、されたとする者のいいぶんに食いちがいがあることは珍しくない。いずれかにモラルの欠如があった上に、コミュニケーションのなさが重なってハラスメントは生ずる。

ともあれⒶからⒻまでの要素は、一九九〇年代まではほとんど聞かれませんでした。

現場と噛み合わない

ところが新入社員たちの意見と現場の意見をすり合わせてみたところ、そこにはあきらかな食いちがいがありました。たとえばⒶについて。仕事を教えてくれなかったとの意見に対して、現場からは「今年の新人は全然、訊いてこない」「厚いマニュアルをひっくり返して、最初から独力でやろうとしている。まるで他人の力を借りることを忌み嫌っているかのようだ」との感想が複数出てきました。そのやりかたに固執しているうち、「今年の新人は、できない」という評価がいつのまにかひとり歩きしているのです。こうした状況が続くと、Ⓑにあるように、本人も即戦力になれなかったと感じ、周囲も「今年の新人は使えない」という見方が定着するようになります。

ⒸやⒹの場合はどうでしょう。ひとことでいえば、「あまりに飛んでいる」というのが現場の意見です。現場のスタンスは、最小限度の知識を会得した上での意見なら聞こうじゃないか、というものです。そこで、「これを学べ」という指示になるわけです。しかし

です。

受けたほうは、「こちらの意見も聞いてくれずに、すべてが一方的」と感じてしまうようです。

Ⓔはよくあるケースです。これも実情はⒸやⒹに近いでしょう。採用担当者だった人に意見を聞くと、「そんなのあたりまえですよ」との応えがしばしば返ってきます。しかしそこは、しっかり伝えてあげないと不平不満が出てくるのは当然かもしれません。

この点については、悩みを打ち明けてきた若い人たちに対して、わたしなりの意見を述べたことがたびたびありました。尋ねられた機会がそれだけ多かったためです。

「したいことがしっかり語れる人と、漠然としている人と、どちらを選ぶかといったら、明確に語れる人のほうだと思います。なぜなら、試験を受けた会社なり組織体が、何をしているかをよく学んでいるからです。

そこに即戦力というコトバが入ると、たちまち混乱が起こるようです。

大学で学んだことで実際の仕事に役立つことはほとんどありません。つまり、まっさらの新卒者は即戦力にならないのです。だからこそ現場での教育が大事になってくる。

ハードな教育でも、力量があれば会得できる。要するに、大学という学習機関を卒業したという力量を買いたい理由は、仕事を通しての教育に耐えられるだけの素地があると思われているからではないでしょうか」

いずれにせよ採用側や上司から目的なり理由がその都度しっかり語られないと、新卒者は騙《だま》されたという印象を抱くようです。

Ⓕは、ごく限られた職場から聞こえてきます。そこでは過去から最近まで、離職者がぽろぽろ出ていました。職場の上司の問題であり、危機管理意識の問題です。

しかし「遊び場だと思っている人がいる」という意見の大半が、少し上の世代であるバブル期入社組に向けられていたことを考えると、世代の問題も含まれているような気がします。ともあれ入社してまもない社員たちはそれをすばやく察知し、「誰も彼も傍観者だけの職場だ」との結論を下しました。発言力がさほどない以上、職場を去ってゆくのは致し方なかったのでしょう。

ⒼとⒽは、何をやっても構わないといった雰囲気の、劣化した職場に代表されます。上司たちの力量不足であり、モラル欠如が原因です。いずれも個々人の足を引っ張り、力を発揮できなくさせてしまう要素がありました。

次に、全国規模でみた場合、新入社員たちはどのような理由で職場を去っているのかを提示してみます。

2. 離職理由とジェネレーション・ギャップ

労働経済白書から

厚生労働省は、厚生労働白書と労働経済白書に代表されるいくつかの白書を毎年出しています。本書では『労働経済白書　平成一七年版労働経済の分析』（以下、「白書」と呼ぶ）を取り上げます。最新では平成一八年版がありますが、平成一七年版を取り上げた理由は、白書のタイトルが「人口減少社会における労働政策の課題」であったこと、およびそのなかに「若年者の意識と就業促進に向けた課題」や「非正規雇用者の増加と高い離職率」という項目があったためです。

時事問題の分析も兼ねている白書は、テーマが毎年少しずつ変更されています。ちなみに平成一八年版の白書タイトルは「就業形態の多様化と勤労者生活」であり、本書が検討したい内容と方向性を異にしていました。

さて平成一七年版の白書。「若年者の厳しい雇用情勢（非正規雇用者の増加と高い離職

図1　年齢階級別転職希望理由の変化

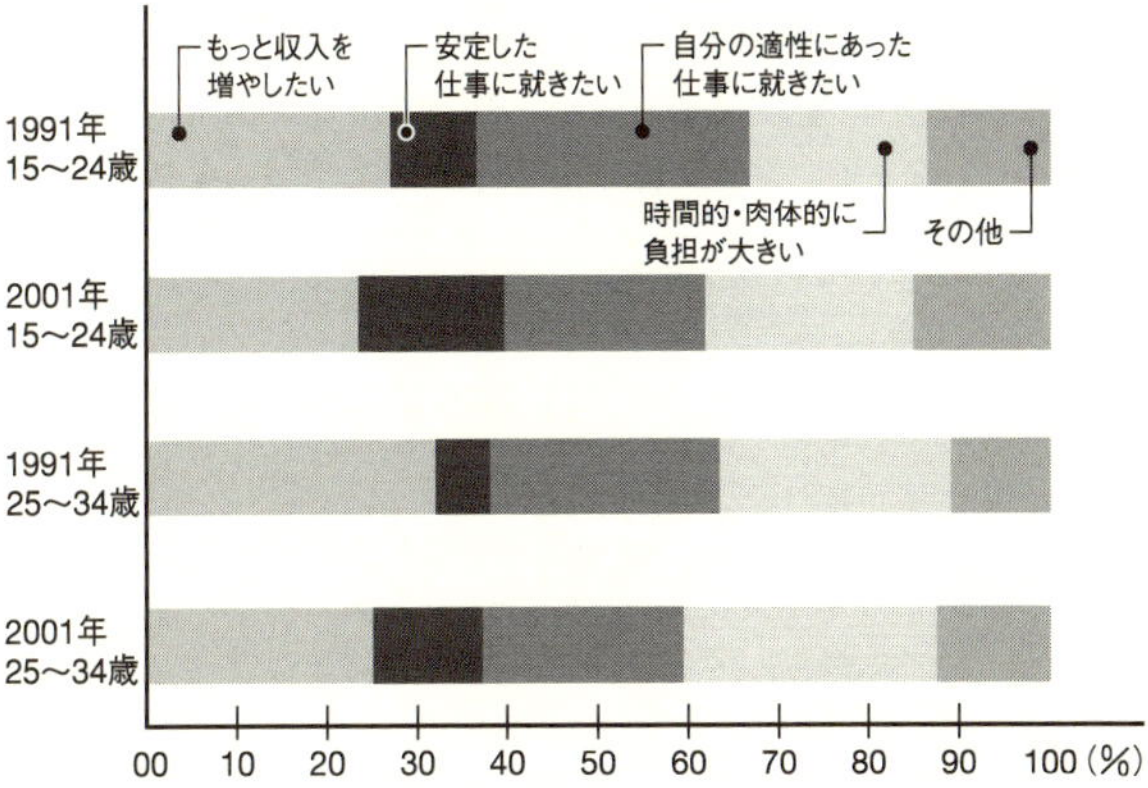

総務省統計局「労働力調査特別調査」（2月調査）

率）」には、以下のような説明がありました（図1参照）。

入社三年以内の離職率については、二〇〇一年就職者における三年以内に離職する者の割合は、高校卒業者の四八・九％、大学卒業者の三五・四％と高水準になっている。さらに、入社一年以内の離職率は二〇〇三年就職者において高校卒業者の二五％、大学卒業者の一五・三％と特に高い水準になっている。

転職希望理由割合の変化についてみると、各年齢階級においても「安定した仕事に就きたい」、「時間的・肉体的に負担が大きい」と感じている者の割合が上昇し、その半面「もっと収入を増やしたい」と考える者の割合が低下しており、最近の雇用不安から、安定志向が高まっている。

転職希望理由は、一九九一年と二〇〇一年とを比較し、また年齢も一五〜二四歳と、二五〜三四歳のふたつのグループに分けて統計を取っています。この一〇年でもっとも伸びが大きい項目は「安定した仕事に就きたい」です。

二五〜三四歳のグループ、つまり本書で〈若い人〉たちと呼んでいる層でみると、「安定した仕事に就きたい」がために転職を考えた人はこの一〇年で約二倍になっており、「時間的・肉体的に負担が大きい」と感じて転職を考えた人も、一割ほど増えています。反面、「もっと収入を増やしたい」理由から転職を考えた人は、二割ほど減りました。

「レールを外されてしまった」とか、「本来は自分に来るべき報酬を中高年の人たちにことごとく搾取されている」といった理由が、若い人の転職希望として挙げられることがあります。しかしそれらの理由は、この統計から見えてきません。

あるいは、こうした理由が根本にあったり、自分は本来何をしたかったのかを考えて「自分の適性にあった仕事に就きたい」と思う風潮が強かったりするのがいまの若者の特徴であるとの意見も耳にしたことがあります。けれども、「自分の適性にあった仕事に就きたい」ことを理由に転職した人たちは、一五歳から二四歳までの層でも、二五歳から三四歳までの層でも、この一〇年のあいだで共通して減少しています。

白書から読み取れるものは、現代の職場では若い人たちが〈不安や不安定さを感じている〉ことであり、〈時間的にも肉体的にも大きな負担を感じている〉という二点です。

ジェネレーション・ギャップが職場にもたらすもの

ところで以前に、「職場で何が問題になっているか」のアンケートを、ある組織体で行ってもらったことがあります。そのとき職場から挙がってきたのは次のような意見でした。

・重大なトラブルを、トラブルと思っていない。コミュニケーションが寸断されているのか、感性の問題か？

・営業日誌に代表される業務記録の内容が最近は粗雑。何をいいたいのかわからない。
・情報を伝達しても、反応がない。メール経由の情報が最も信頼できると信じている。
・パート社員、派遣社員に若い人が多いのでコミュニケーションが取りにくい。
・『自分はアルバイトだから興味ない。別の人に教えたら？』などといわれるため、技術の伝承ができない。特に若い人。
・全体的にゆとりがなく、従業員のモチベーションが低下している。

コミュニケーションのなさが浮き彫りになっているとともに、ジェネレーション・ギャップが横糸として絡んでいることがわかります。

ジェネレーション・ギャップについては典型的な話があります。新聞報道機関では「○○支社社会部の××さんのところで二年間、いろいろ教えてもらってこい」といった異動辞令がよく出るようです。ジェネレーション・ギャップはここで顔を出しました。以下は、新聞社にいる知人のコメントです。

「以前なら以心伝心があったし、辞令が腑に落ちないのなら、○○支社の社会部にいる××さんとは、どういう人ですか？　と、先輩や同僚に訊いたものだ。

しかしいまは異動即左遷といったイメージを抱く人が多い。なぜぼくが○○支社なんですか？　何が不満なんですか？　とくる。だから誰にもわかるように理由を嚙み砕いて説明しないと、わかってもらえない。それでも自分にとっては不要な異動と判断すると、ぷいっと辞めてしまう。

最近は、退職届を出さない人もいる。電話連絡だけ。しかも同僚に。信じられんだろ」

異動できない、それなりの事情を抱えているというなら話は別でしょう。けれども異動があたりまえ、というのは、多くの組織体が総合職の職員たちに求めるスタンダードになっています。

そこで働く若者たちを考えるための叩き台として、資料をひとつ掲げてみることにしました。自著『こんな上司が部下を追いつめる』（文藝春秋）のなかにある、「『世代』という要素」、「団塊ジュニアという『世代』」、「離職に傾く若者たちの心境」という小見出しの内容が該当する部分の抜粋です。

苛立ち、働く興味を削《そ》がれる団塊ジュニアたち

この本は二〇〇六年四月に刊行されました。つまり以下は、二〇〇五年から二〇〇六年あたりにかけて、わたしが若者たちに抱いていた印象といえます。

団塊ジュニア層は、就職した人のおよそ半数に「転職」志向が確認される。これは多くの人がやりたい職種に就けなかった就職氷河期と一部クロスしているといった事情とも関係している。転職を希望している若者のうち、実際に転職していったのは約八人にひとり。

ムダが多い、いまでもサークルの乗りが消えていない、専門性は高いが得意としている分野が狭く、その分野の仕事を死守することだけ考えている、といった内容が、バブル期世代の特徴としてしばしば指摘されるが、団塊ジュニアにみられる転職志向は、それと関係しているようだ。バブル期世代のようにならないために、自己研鑽や資格取得への努力を地道にしているわけである。

世代という切り口でステレオタイプに語ってしまうのは危険かもしれない。しかし団塊ジュニアのアウトラインを調べたのには理由がある。

悩みごとを相談しにきた若者たちの話す理由が極めて似ており、不思議だという印象を持つようになったのは四、五年前、つまり二〇〇〇年あたりからのことだ。まるで申し合わせたかのように、同じような理由が次々と出てきた。どのように同じかは後述するが、そのうちのほぼ半数が離職していった。半数は残っている。

それまでも離職してゆく者たちの相談を受けたことはあった。しかしそれぞれがそれぞれの理由を語っていた。親が高齢になったので面倒をみたいとか、心に傷を負った子供の教育を考える上で、より好ましい学校がある別の地域に移住したいといった理由である。

離職していった若者たちの言動や年代が気になって解析してみたところ、興味深い結果が出てきた。上記の訴えをしたのち、現在の職場を捨てて離職していった若者の総数は、この数年で一七名おり、すべて二四歳から二九歳までの枠に収まった。二三歳以下はなく、三〇歳以上もない。

ちなみにこれらの従業員は、いずれも「目標管理」制度適用以前の年齢段階である。

このうち親が団塊の世代、つまり年齢が五六から五八である者は一三名。七六・五パーセントという数値だった。四分の三強である。残り四名のうち三名の親は五三から五五歳。あとの一名の親は六〇歳だった。五二歳未満と六一歳以上はいなかった(二〇〇五年五月現在)。

母数が少ないし、多くの業種にあてはまるかどうかはわからない。しかし同じ理由で離職した若者たちが軒並み団塊ジュニア層であり、その親の多くが団塊世代だということは新鮮なショックだった。

離職してゆく若者たちが打ち明ける胸の内が驚くほど似ていると先に述べたが、実はそのことについて情報を広く集めてみると、業種の枠を大きく越えているようだ。

組織体に入った若者たちは、当初からしたいことが充分できると思っている。やりたいことは何か、という質問をすると、即座に反応が返ってくる。「営業がしたくてこの会社に入った」「高速通信に使えるような新素材を開発したい」「いずれ独立するためのビジネス的ノウハウを身につけたい」などは、その代表だろう。

そのうちの何人かは、自分のしたかったことと現実があまりにもかけ離れていることに苛立ちを覚え、仕事に対する興味を失って、不完全燃焼の状態だ、先が見えないと訴える。

しかも、そんな状況に置かれても自分のことは独力で解決しようとする傾向が強い。価値観の単一化が生じているのではないかと思えるほど、若者たちは同様なパターンに悩み、立ち往生している。個人の持つ能力は太古の昔から変わっていないはずである。事実、多くの若者たちは能力がある。加えて矜持《きょうじ》や自信も思いのほか強い。

離職は時代のせいか、世代のせいか

補足をしておきます。

「実際に転職していったのは約八人にひとり」という部分は、二〇〇五年五月のNHK報道によります。番組では一二・八％という数値が紹介されていました。

いまにしてみれば「バブル期世代」との呼称は、「バブル期入社組」とし、「団塊ジュニア」は「就職氷河期組の団塊ジュニア」にしたほうがよかったと自省しています。

また、「親が団塊の世代、つまり年齢が五六から五八である者」と書いた「親」とは、父親である場合のみピックアップしました。たまたまかどうかはわかりませんが、離職した若者たちの母親に、五六から五八歳の方々はひとりもいなかったことも理由です。

これらはいま五二歳のわたしが二年前にまとめた、ごく限られた若者像です。

さて二〇〇六年の秋。わたしは比較的新しい通信会社におられる人事担当者から、若者についての相談を受けたことがありました。

「この数年、離職者が増加している。就職氷河期である二〇〇〇年入社組や二〇〇一年入社組の若者たちが相次いで辞めてゆく勢いに歯止めがかからない。

就職氷河期に入社した者たちには有能な人物が多いが、今年になって二〇〇一年入社組の離職率は四〇％を超え、いまいる社員たちにも病気欠勤者が多い。なにをどうすればよいか、ヒントだけでも語って欲しい」

残念なことに、よい案は浮かびませんでした。歯止めがかからないというほどではないものの、わたしもそれによく似た経験をしていたからです。それでもヒントを語れというなら、思い当たることがないではありませんでした。はしがきにも記したように、辞めてゆく理由がとても似ていたという点です。それを突きつめてゆけば解決策につながるかもしれないし、理由の内容いかんによっては、逆に辞めることは避けられないかもしれないと思えたのです。

この年代の離職現象は、平成不況という時代の影響が一番の理由でしょう。採用人数が

図2-1　大学卒業者の離職率（男子）

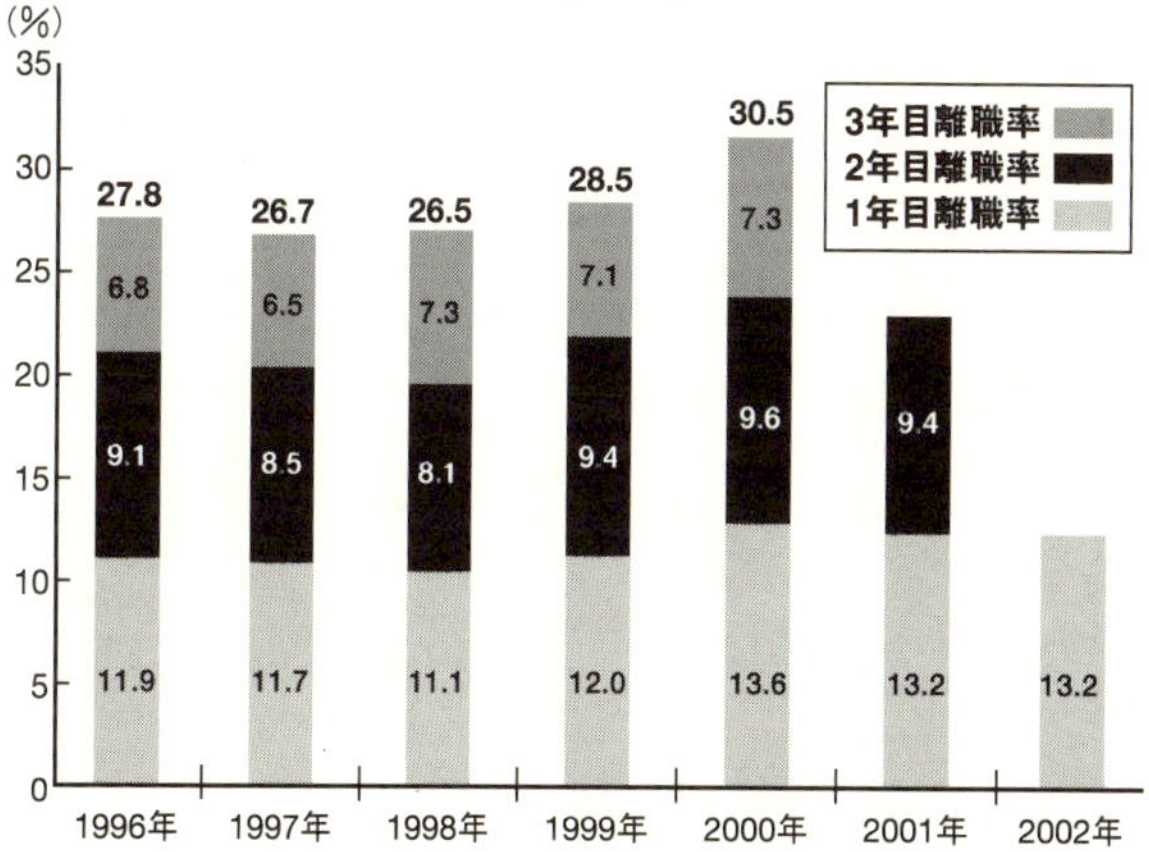

厚生労働省労働市場センター業務室調べ

少ないということは、就職できたとしても不本意感を伴っていた可能性が高いためです。

けれども、厚生労働省労働市場センター業務室がまとめた「新卒者の離職率」によれば、就職氷河期の前半から徐々に上がり始めた離職率は、一九九七年と一九九八年という超就職氷河期あたりで上げ止まったあと、一九九九年と二〇〇〇年でさらにぽんと上昇しています。それ以降の全データは揃っていませんが、一年目の離職率だけは出てきました。二〇〇二年まででいえば、一年目の離職率は、大卒男子・女子、短大等卒男子・女子のいずれも二〇〇〇年より下がってきています（図2-1、図2-

図2-2　大学卒業者の離職率（女子）

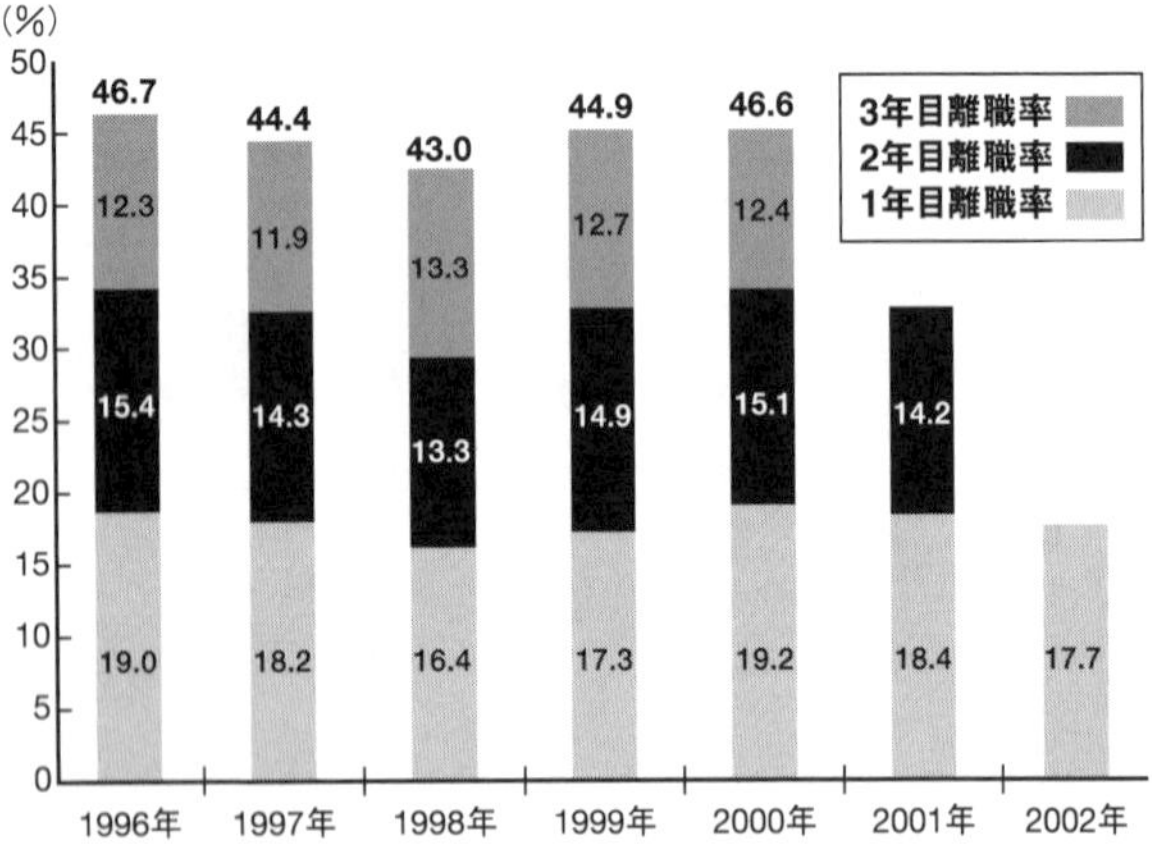

厚生労働省労働市場センター業務室調べ

2参照。スペースの関係上、大卒のみ提示）。

そうなると、不況による不本意感からの離職だけではない、労働に対するモノの考え方が関与している可能性があります――。

若い人たちは〈楽しい生活〉を求めて働く

働く目的について、若い人たちはどう思っているのか？　それについて若い人たちの労働観を端的に示しているグラフが、白書のなかにありました（図3参照）。

二五年間追い続けたデータをもとに、白書では次のような考察がされています。

図3　働く目的についてどう思うか（上位3項目の推移）

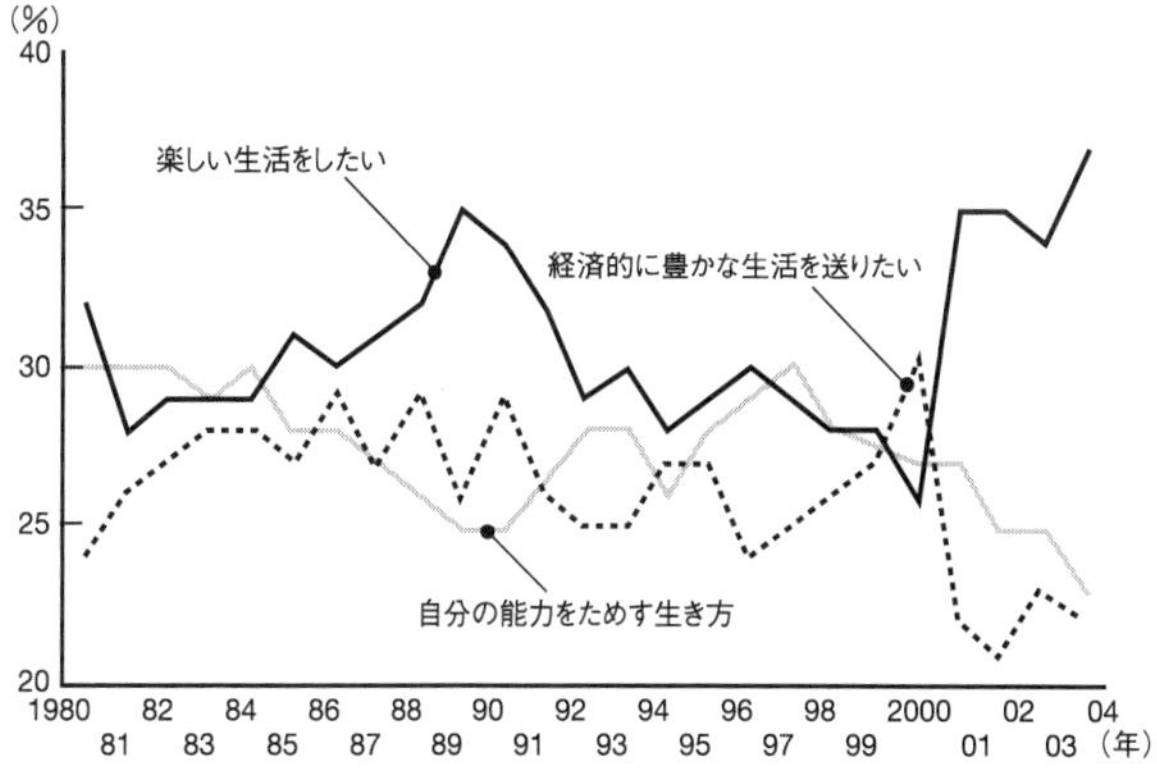

（財）社会経済生産性本部　新入社員「働くことの意識」（2004年）
（注）2004年結果の上位3項目の推移を示したもの。

（財）社会経済生産性本部新入社員「働くことの意識」調査によって若年者の働く目的について、上位三項目の推移を概観すると「楽しい生活をしたい」と回答している者の割合が、近年上昇傾向で推移し、「自分の能力をためす生き方」や「経済的に豊かな生活を送りたい」と回答した者の割合が減少傾向で推移している。なお、当該調査における楽しい生活とは、職業生活の楽しさ、余暇生活の楽しさ、仕事と生活の調和といったことを意味していると考えられる。（中略）

内閣府「国民生活に関する世論調査」によると、どのような仕事が理想的だと思うかという質問については、「収入が安定している」「自分にとって楽しい」とする割合が五割程度と高水準になっている。

グラフを見ると、楽しい生活をするために働くといった志向は、一九八〇年代後半から一九九〇年代初頭までのバブル期に向かって一気に強まっているものの、バブル絶頂期からは急速に褪《あ》せています。金銭を追い求め、しかも金銭が湯水のように使われたバブル時代の後半は、本当の豊かさについての議論が盛んになった時期でもあり、理想郷とは金のある世界か？　といったことがかなり話題になりました。つまり本当の豊かさを、金銭だけに求めないような価値観が生まれていた可能性があります。

楽しい生活をするために働くといった志向は、一九九三年に始まった就職氷河期あたりからさらに弱まって低迷状態となったのち、二〇〇〇年にはさらにぐっと落ち込んでいます。問題はそこからでしょう。二〇〇二年に有効求人倍率が〇・五四にまで落ちたにもかかわらず、楽しい生活志向は二〇〇一年から一転して急激な強まりをみせ、その後もバブル絶頂期に匹敵するほどの高さを維持しています。

二〇〇一年以降、国民の多くが多幸感を味わっているとは、わたしには思えません。むしろ二〇〇一年から二〇〇四年にかけての社会経済は、バブルとはほど遠い状況にあったと思っています。にもかかわらず、楽しい生活をするために働くといった志向がバブル絶頂期に匹敵するほど強まっている理由は、「欠けているものを求める」姿勢、つまり反動にあるものと想像されます。なぜならバブル絶頂期である一九九〇年代初頭では、楽しい生活志向が急速に弱まる一方で、自分の能力をためす生き方が徐々に求められていったためです。それと相反するように、一九九八年以降は自分の能力をためすことへの希求がずるずると萎《な》えています。一九九八年というのは、超就職氷河期でした。

同時に、「経済的に豊かな生活を送りたい」ために働くといった姿勢も、二〇〇一年から唐突に褪せはじめます。これは経済的な豊かさなどどうでもいいから、とにかく安定した収入を求めたいという姿勢の表れではないでしょうか。経済的な豊かさを頭ごなしに否定しているのでなく、おそらくはぎりぎりの譲歩から生まれた姿勢であり、絶望の淵からの叫びだとも考えられます。何に対して絶望し、何を放棄したかといえば、働くことで自分の能力をためす行為に対してであり、経済的により恵まれた生活をするために働くことに対してでしょう。

ここに、不安定な生活環境をもたらした根源は、時代なのか、それとも世代なのかという疑問が生じます。図3のグラフでは、バブル期でも就職氷河期でも、前半と後半とで、働く目的についての意識が大きく乖離《かいり》してゆく現象が見られます。また、「この数年、離職者が増加している。就職氷河期である二〇〇一年入社組や二〇〇二年入社組の若者たちが相次いで辞めてゆく勢いに歯止めがかからない」との意見からもわかるように、離職に歯止めがかからないのは就職氷河期の前半に入社した人たちではなく、超就職氷河期以降の就職氷河期後半組に限定される傾向が窺《うかが》えるのです。

それなら景気の分析とは別に、世代についての解析が大事になってくるはずです。

そこで次に、世にいわれている世代についての俯瞰《ふかん》を試みることにします。

3.「世代」をめぐって

世代という呼称について

まず世代の定義。『大辞林』によれば、世代とは次のように説明されています。

①　一つの血筋を引いた親・子・孫などのそれぞれの代。代。「三―が一軒の家に同居す

る」

②〔generation〕生まれた年をほぼ同じくし、時代的経験を共有し、物の考え方や趣味・行動様式などのほぼ共通している一定の年齢層。ジェネレーション。「若い―」「あの連中とは―が違う」「―を超えた支持を受ける」

③【生】出生期がほぼ同一の個体群。

わたしが使いたい「世代」を説明しているのは、②です。

世代といえば、いわゆる二〇〇七年問題のキーワードとして、団塊の世代なることばがあります。それなら団塊とは何でしょう。大辞林の説明にはこうありました。

①かたまっているもの。かたまり。

②物質の分離・凝集により、堆積物中にできた結核体。

で、団塊の世代。大辞林には「団塊」の説明に付随したかたちでこう載っていました。

――の世代　第二次大戦直後数年間のベビーブーム時に生まれた世代。

現代という時代に、「世代」の②にあった説明がどこまで通用するかは難しくなっているというのが、わたしの印象です。要するに、「年代の切り方」です。二、三人で話すときは通用しても、相手が一〇人以上になった場合や、年代もまちまちである場合、「たしかにオレはその年代だけど、物の考え方や趣味なんて全然ちがうよ」という人が出てきます。ですから大辞林は、「ほぼ共通」と「ほぼ」なる用語を入れたのでしょう。

世にいわれている「世代」

『イミダス』（一九九八年版）やフリー百科事典『ウィキペディア』などを参考に、「世代」を眺めてみると、こんな変遷を経ていることがわかります。

早くは明治生まれの世代（一八六八～一九一二年生まれ）があり、大正生まれは戦前派世代と呼ばれ（一九一二年～一九二五年生まれ）、昭和ひと桁生まれは少国民や戦中派世代（一九二六～一九三四年生まれ）と呼ばれます。

昭和は一〇〇年を経験していないから、昭和生まれはひと桁かふた桁のはずですが、昭和ふた桁世代と呼ばれた人たちがいます。戦後民主主義世代（一九三五～一九四五年生まれ）とも呼ばれ、多感な幼少年時代を戦争の真っ只中で送り、戦後教育を最初に受けた世代です。

さてここから、本書で取り上げる世代が登場してきます。

まずは団塊の世代（一九四六〜一九五一年生まれ）。「全共闘世代」の別名を持ち、第一次ベビーブームであったことから受験戦争を経験し、大学に進んだ者たちは学園紛争を展開しました。ビートルズを聴いて、ニューファミリーを作り上げた世代ともいわれます。

なお、イミダスはこの枠をもっと絞り込んで、一九四七〜一九四九年生まれの人たちを「団塊の世代」と説明しています。

そのあとが、わたしの属する世代ということになります（一九五二〜一九五八年生まれあたり）。団塊世代の陰に隠れて目立たないということから、〇〇世代というはっきりとした呼称はないのですが、ポスト団塊世代とか、谷間の世代、しらけ世代などと呼ばれました。団塊世代に見られたような情熱的な行動力に欠けているとの指摘を、わたしたちは一〇代から二〇代にかけて、たしかに受けたことがあります。

そのあとが新人類世代（一九五九〜一九六四年生まれあたり）。オタク世代ともいわれます。ものごころついたころからテレビがあった最初の世代であり、昭和ひと桁の親から戦前的な価値観を一部受け継いだ最後の世代という指摘もあります。

それに続くのが、ポスト新人類世代あるいは校内暴力世代（一九六五〜一九七〇年生まれあたり）と呼ばれる世代です。中学校が荒れ始めた時代であり、バブル経済の最盛期に社会に出ており、就職するのにほとんど苦労がなかったとされます。その一方で、フリーターという生き方を選んだ人が多い世代でもあります。

一九七一〜一九七五年生まれあたりを中心に、団塊ジュニアが誕生します。いじめ世代という別名もあり、団塊世代の子として宿命的に受験戦争に組み込まれた世代です。「偏差値」や「校則」に縛られるといった表現が氾濫し、管理教育へのうっぷんを晴らすかのように「いじめ」が深刻化した世代との指摘があります。

それ以降は茶髪世代や就職氷河期世代、ブログ世代を経て現在に至っています。

年代の区分け

そこでこの本では二〇〇七年秋の時点で、次のような区分けをしてみることにしました（図4も参照）。

図4　年代の区分けのイメージ図

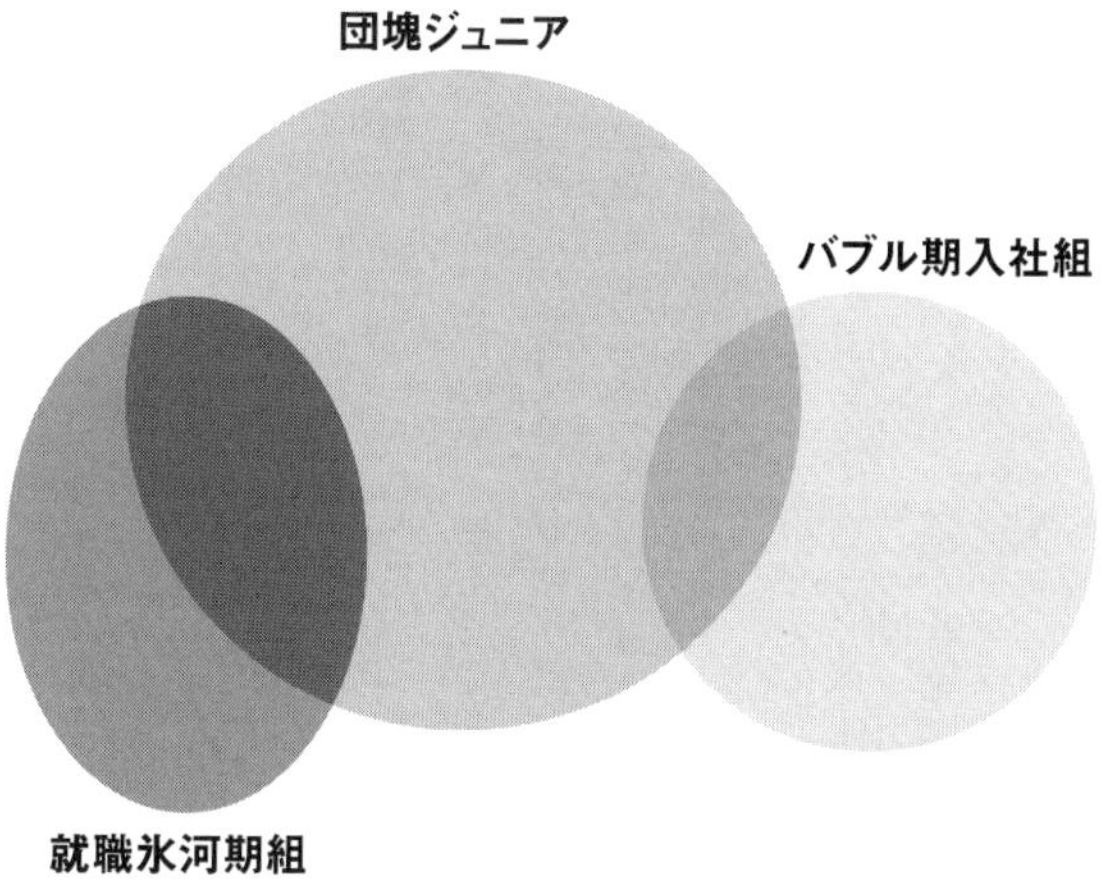

バブル期入社組
バブル期入社組には、団塊ジュニアに該当する人と、しない人がいる。
これは親が団塊世代かどうかによる。

就職氷河期組
就職氷河期組には、団塊ジュニアが多く含まれるものの、
すべてが団塊ジュニアというわけではない。

団塊ジュニア
本書では、24〜39歳までを団塊ジュニアと括った。
これは団塊ジュニアであれば、この年代に属する可能性が高いという
意味である。24〜39歳の大半が団塊ジュニアとはいえない。

*本書では、年代を区分けしてそれぞれに呼称を与えているが、
あくまでも便宜上の名である。

・団塊世代　五八～六〇歳　（一九四九年～一九四七年生まれ）
・バブル期入社組　三七～四二歳　（一九七〇年～一九六五年生まれ）
・団塊ジュニア　二四～三九歳　（一九八三年～一九六八年生まれ）
・就職氷河期組　二六～三三歳　（一九八一年～一九七四年生まれ）

ちなみに本書でいう若い人たちとは、右にある団塊ジュニアとほぼ同義です。

さて「団塊ジュニア」に幅を持たせたのには理由があります。たとえば親が団塊世代の五九歳である場合、二五歳のときの子はいま三四歳ということになります。三八歳のときの子はいま二一歳です。それらの子は本来の意味での団塊ジュニアであり、「真性団塊ジュニア」と呼ばれることがあります。

子は少なからず親の影響を受けるという立場に立てば、親の世代がどこに属するかは、大事な問題です。無業者に関する限り、困っていることの相談相手の第一位が「親」（四九・二％）であることからも、親の意見は無視できない要素になっていることがわかります（前出の白書による）。

一方、『日本統計年鑑』にある人口ピラミッドを見ると、昭和四六～四九年生まれの四

図5　人口ピラミッド

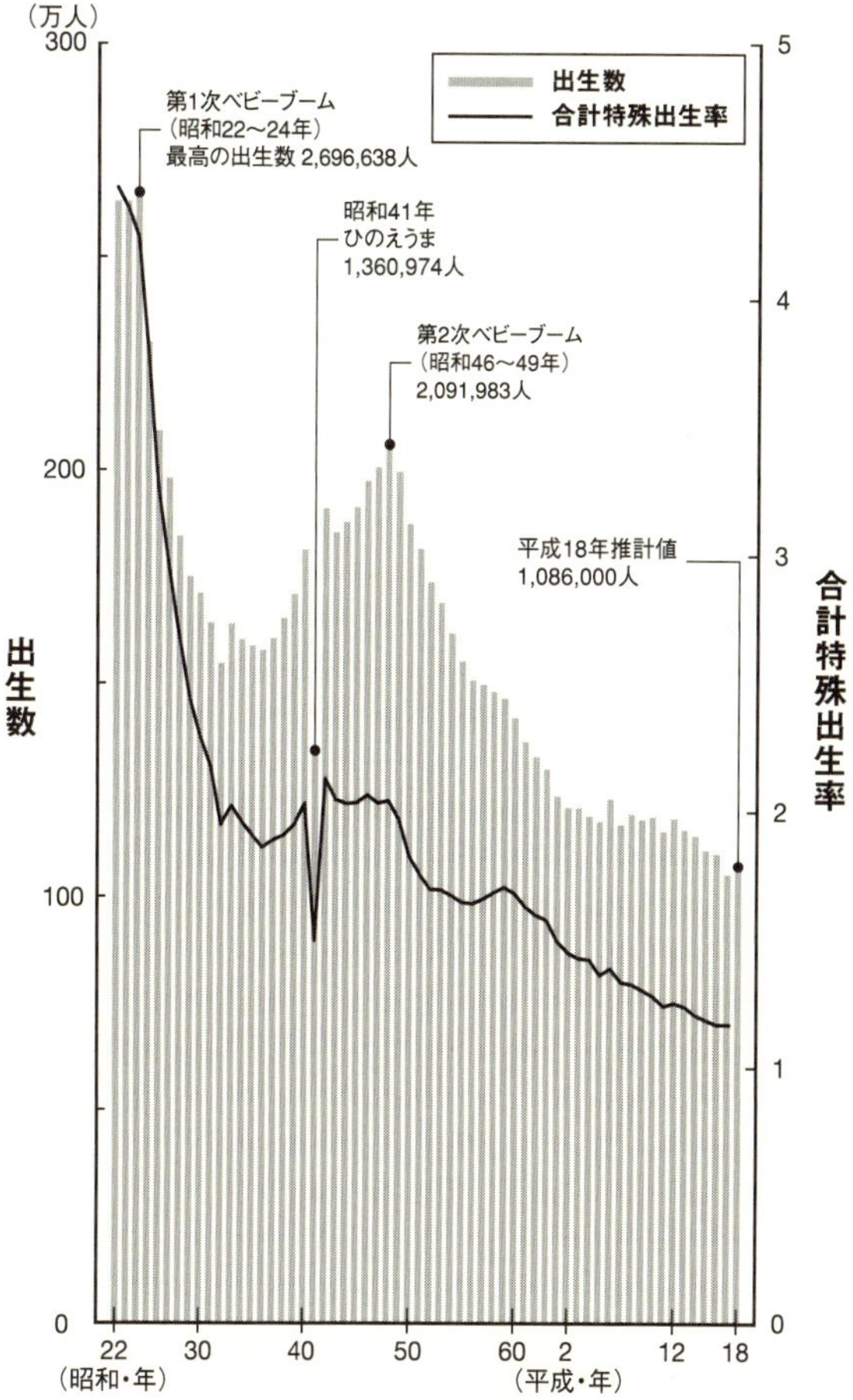

厚生労働省「人口動態と統計」
(注)昭和47年以前の数値には沖縄は含まれない

年間に生まれた人の数が突出しています。年齢でいえば、いま三三～三六歳になっている人たちです。この層は、第二次ベビーブームと呼ばれます。但し、突出している部分は唐突に現れるのでなく、グラフは峻嶺《しゅんれい》のような像を描き、より若い年代の方に緩やかな尾を引いています（図5参照）。

一般的に父親が一七歳のときの子は珍しいでしょうが、父親が三八歳のときの子は珍しくありません。団塊世代の父親が五九歳だとすると、一七歳のときに生まれた子は、現在四二歳になっており、三八歳のときに生まれた子は二一歳ということになります。

ともあれ、団塊ジュニアを枠でくくってしまうには、他のグループに較べて無理があることを承知の上で、ここでは「二四～三九歳を団塊ジュニア」としてみます。はしがきに書いた〈若い人〉たちは、この年代に収まると考えていただいてよいでしょう。

また就職氷河期入社組としないで〈就職氷河期組〉と、「入社」の二文字を外した理由は、氷河期の辛酸を舐《な》め、希望する仕事に就けなかった人が多かったためです。年代からすれば、三〇代前半から二〇代後半にいる人たちへの連続性が見られます。

この章では、若い人たちを取り巻く状況や現状を紹介してみました。働くことに対する若い人たちの考えは、白書にあるとおりだと思われますが、それらは社会のなかでどういったかたちになって表れているのでしょう。

そこで第二章では、若い人たちの生き方や内面を通して見えてくる労働観について考えてみることにします。

第二章 バブルに翻弄された世代

1. ロストジェネレーションといわれて

二〇〇七年一月一日から一五日まで、朝日新聞が連載をしました。タイトルは「ロストジェネレーション」。大見出しは「さまよう2000万人」でした。「『第2の敗戦』と呼ばれたバブル崩壊を少年期に迎え、『失われた10年』に大人になった若者たち」というのがロストジェネレーションの定義であり、いま二五歳から三五歳にあたる約二千万人が該当するそうです。

「米国で第一次大戦後に青年期を迎え、既存の価値観を拒否した世代の呼び名に倣って、彼らをこう呼びたい」とも説明されていました。つまり呼称は、朝日新聞によります。

連載「ロストジェネレーション」から

踏み台世代、転身世代、反乱世代、世直し世代、仮面世代、自分探し世代、消耗世代、起業世代、難婚世代、愛国世代、脱レール世代、まじめ世代、創造世代――日替わりのタイトルには、世代表現が並んでいました。新聞に目を通すことができなかった方のために、掲載内容についての簡単な説明をしておきましょう。

《踏み台世代》では、人材派遣会社に登録して働く二六歳の男性が紹介されています。日本を代表する企業の関連工場を全国レベルで転々とし、作業が慣れたころに異動が生ずるため、収入は極めて少額。非正規雇用枠で働く、若者の像です。

《転身世代》では、有名なIT企業の広報で働いていた女性が紹介されていました。

《反乱世代》では、社会人になった覚えはないといい、金ばかり使わせるクリスマスを粉砕せよ、と新宿駅南口に集まって、こたつで鍋を囲む三二歳の男性が出ています。

《世直し世代》では、地方議員をめざす二六歳の男性が「会社員よりも政治家の方が、はるかにハードルが低く見える」という発言とともに紹介されています。

《仮面世代》に出てくるのは、悪質リフォーム営業に携わっていたことのある二六歳と三二歳の男性。犯罪と紙一重の世界に身を置かざるを得なかった理由のひとつは「辞めなかったのは、職さがしが、もう面倒だったから」(二六歳男性)。三二歳の男性は、この一〇年で五〇社近くの会社から面接で落とされたため、と語っています。

《自分探し世代》として登場するのは二九歳の女性です。大学を卒業し、派遣社員として営業、派遣秘書などをしていたとき、「空気が読めないやつ」という上司や同僚の声を耳にして神経をすり減らした経験を持っています。「自分のやりたいことをやりなさい」という両親のことばを胸に、いまは韓国で日本語教師として働いています。

使い捨て　身も心も

《消耗世代》の書き出しは、

「職がない。北海道夕張市出身の二五歳の男性は、昨秋から生活保護を受けている」というものです。フリーターにすらなれなかったと紹介されています。別の二六歳の男性は請負社員として働いていました。「職を得て働き続けても何も残らない」という実感。

一方、三七歳になる男性は、大切なものを奪われました。自分と同じ請負作業員だった一九七五年生まれの同僚が、当時二三歳で自殺していたことを知ったからです。一緒に仕事をしていたのは、半導体製造装置をつくる製作所。クリーンルームで完成品を検査する作業でした。その男性は、自分をすり減らして働く人たちに向かってこう声をかけたくなるといいます。「いくら頑張っても、将来があるわけじゃない。死なない程度に仕事をしろよ。使い切られてしまったら、何も残らないから」。

《起業世代》では三一歳の女性が登場します。有名なＩＴ企業の立ち上げに参画した人物です。その後、社名を変えたその会社はマネーゲームによって、ただ規模を大きくする方向へと突き進んでいきました。「情報量と可能性が多過ぎて、どれを拾えばいいのか、分からない」という彼女はいま、小さな会社を新たに立ち上げ、女性向けに癒し系のゲームを作っています。

《難婚世代》に出てくるのは三四歳の女性と、三一歳の男性。難婚はナンコンと読むのでしょう。女性は結婚を、「豊かな生活へジャンプできる大きなチャンス」と位置づけています。

一方の男性は趣味を認めてくれる人が理想の結婚相手だといいます。趣味とはフィギュア収集、つまり人形集め。大学院で研究職を目指していたものの、二年前に断念したという彼は、家賃を親が払うアパートで暮らしながら運送会社の契約社員として働いています。先の見えない不安を忘れさせてくれるのは秋葉原（アキバ）にいるとき。秋葉原は彼にとって「オタク文化の聖地」とのこと。

メイド喫茶に足しげく通う彼の四〇年後の姿は、ヘルパー全員がメイド服を着た老人ホームで介護されている、といった像のようです。

《愛国世代》には二九歳の男性が登場します。中学一年のときにバブルが崩壊し、高専二年のときに阪神淡路大震災が起き、大学院の修士課程を経て就職した会社は業績が悪化しました。四年勤めて退職したあとの自衛隊入り。「日本が好き。日本で暮らす家族、友人が好き。自衛隊の一員なら国民や国土を守れる。そう思って志願した」という彼は、横須賀にある駐屯地で本物の小銃を握っています。

《脱レール世代》で紹介されているのは三一歳の男性。「大学に入った時にはバブルが崩壊していた。右肩下がりの電車に乗ってもどこにもたどりつけはしない」と語る彼は、エリートコースを経て大蔵省に入りました。しかし接待疑惑で上司が逮捕されても保守に回る職場に居場所を見出せませんでした。米国留学中に退職を決め、その後現地の企業に入ったのち、「組織を使って波を起こすのではなく、自分の力で」という理由から辞職した彼はさらにこういっています。「日本がダメだ、というのは分かっている。それを自分の力でどうよくするか、必死に考える世代なんじゃないか」。

自分を持ち上げてくれる人たちは、肩書きしか見てくれない。自分の実力を試すには、五〇代まで待たなければならない。「起業は若いうちじゃないと。霞が関で遠回りしてしまった」といった意見でまとめられています。

気がつけば、うつ

《まじめ世代》の副題は「成果主義に追われ…気づけば うつ」。三二歳で自らの命を絶った技術者は、連日午前二時過ぎまで、高温、多湿などさまざまな環境下で長時間の実験を何度も繰り返し、会議で報告していました。扱っていた商品は携帯電話。激しい開発競争が日常です。持ち前の責任感の強さと、中途採用された身であるというプレッシャー。配偶者は、夫が追い込まれていくのがわかったと記されています。技術者の後輩だった社員は出張先から消え、同僚は体調を崩し、上司は抑うつ状態で自宅療養になる。周りが次々と過労で倒れ、そのぶん、この技術者の仕事量は増えていったのです。

「転職しようかな」と彼が珍しく弱音を吐いたとき、私も働くから構わないよと賛成した配偶者はいま、「頑張ることを求められ、まじめに頑張ったあげくにつぶされた」と思っているようです。

ＩＴ業界で働く三五歳の男性もうつ病になりました。ＩＴ業界には年功序列によらない〔成果主義〕を採っている会社が多くあります。職場では最年長であっても、後輩のほうが能力にたけていると感じたとき、自分はいつまで残れるのか、という不安ばかりが募っていったようです。「よそ見をすることなく、仕事だけに向かい合っていた過去の私。いったい、何に対して、まじめだったのだろう――」との懐疑心を思い起こさせてくれたのは、南房総で行われた農業体験のイベントに参加したときでした。以前だったら時間の無駄と切り捨てていたことが、無性に楽しかったと胸中を語っています。

就職氷河期を乗り越えて正社員になったとしても、それがゴールではありません。競争社会に放り込まれ、成果主義を突きつけられます。企業組織の中で、仕事だけに向き合いながら、自分自身を追い込んでいく社員たち。

最後の《創造世代》では、市民公募型映画作りを企画した映画監督の三四歳男性が紹介されていました。九〇年代初め、バブル崩壊とインターネットの登場を目《ま》の当たりにし、「権威は地に落ちる」と直感した彼は、周囲の学生や教師にこう問い質《ただ》したかったといいます。「あなたがたは、そんなに偉いのですか――」。

劇団を主宰する三三歳の男性は、ストーリーに出てくるバイト同士のとりとめのない会話に、非正規雇用の悲哀や不安を織り交ぜます。「正視に堪えない、ことば遣いが汚い」。そんなことばを残して、開演後まもなく不機嫌顔で客席を立ち去ってしまうオトナたちもいるが、「それは違う」と彼は思うようです。自分たちは、複雑に繊細に動いている。逆にすっきりと整理して話された言葉は多くのものを殺しているのではないかと語ります。

「小説を書けば個人史になる世代」という二九歳の新鋭作家は、どこまでも落ちてゆく若者を書く作風の重さが高く評価されました。その作家は、こう結んでいました。「僕らは損をしてきた世代。でも穴のあいた世代に生きるからこそ、乗り越えた時は強いはず」。

三誌編集長の鼎談《ていだん》から

同紙はまた、ロストジェネレーションと名指しした世代に対して、「自らの世代をどう呼びたいか」というネット調査を行っており、その内容も記されていました。
出てきた呼称は、職難世代、アフターバブル世代、泡壊世代、下敷き世代、損塊世代、国に捨てられた世代、すべてにおいてタイミングの悪い世代、団塊の犠牲世代、年金背負い世代、先行き不透明世代、心がすき間だらけの世代、名前をつけられるのが嫌いな世代、などでした。

一月六日には同紙の特集で、「ロストジェネレーション」層の読者をつかんで成功している三人の雑誌編集長たちが鼎談をしています。強い反響を得ていたり、企画が当たって爆発的に売れたりしている雑誌です。ある編集長は、代弁するのでも解決策を示すのでもなく、不安を共有するだけの企画が読者に支持される、と語っています。また、自分たちと同じ苦しみが描かれていると、それに対する反響が大きいとの意見もあります。

自分探しについては、「自分探しの無間地獄に落ちちゃっているところがある。中田英寿氏ですら自分探しですから。団塊世代の親たちに『私たちは苦労したけどおまえら好きなこと探していいよ』と言われ続けたことが原点にある」との意見や、「前の世代までは膨張する社会の中で生きてきたが、縮小する中で幸せを見つけるにはどうしたらいいのか、というモデルがない」といった意見も並んでいます。

自分たちのことを不幸だと思っているでしょうか？　との問いには、次のような意見が出されていました。

「親世代が話す言葉の意味が分からない、という人は多い。ルールが違うなかで話している感じは確かにする」

「満足感をどこで得るか、ということ。非正社員の人でも『自分らしく生きてるからいいや』と思っちゃうところがある。『金と出世』みたいなところから離れ、豊かさの質も変わっている」

将来像の予測については、次のふたつを紹介しておきましょう。

「世の中に出てみたら常識の底が抜けていた。この世代が、それを作り直す重要な役割を担っていると思う」

「失われた一〇年というのは、インターネットが急速に広まった一〇年でもあり、社会が激しく変化した一〇年だ。そこから生まれた世代が担うこれから先の一〇年は、常識が全く違う一〇年になるはず。僕は、意外と可能性があると思っている」

多感期にバブルとその崩壊という激震を味わい、インターネットの登場と進化をリアルタイムで体験した唯一の世代は、これまでの常識さえも変えてゆくだろうといった予測です。

インターネットでの反応や知り合いたちの反応

さて朝日新聞の連載「ロストジェネレーション」についての反応を、インターネットで検索してみたところ、複数の意見が載っていました。ネットで見る限り、この連載については賛否両論があります。あたかも二項対立の図式のように、共感する意見と、「不快だった」「意味がない」と否定的見解を示す意見とに分かれてきます。

大雑把にいえば、世のオトナたちは賛同の意を示し、否定するのは若者たちが中心ですが、かつて知識人と呼ばれたようなオトナたちも含まれています。メールや掲示板への書き込みといった、インターネットでの情報交換がありふれているとはいうものの、極端に意見が分かれる分岐点は、当事者か非当事者かというゾーンにはないようです。

それとともに、ひところ米国で話題になったロストジェネレーション論や、その呼称がそのまま日本に用いられていることに対して、少なからぬ人が拒否感を述べています。


賛同できなかったとする意見を、ひとつ紹介します。

その人は、まさにその年代であることや、事情も体感しているだけに感情移入してしまったかもしれないと断ったうえで、不快感を持って読んだといいます。

また「名前をつけられるのが嫌な世代」という表現に対しても、わたしたちは「ロスト」なる呼称を受け入れたわけではなく、なぜいま、「ロスト」なる呼び方をされなければならないのか、といった疑問を投げかけています。

モノが豊かな時代に画一的な教育を受けたことは残念だが、そのあいだに世のなかは大きく変わり、世間知らずが右往左往しているような闇のなかに投げ込まれたというのが、この世代の特徴。「ロストジェネレーション」なる不名誉な命名がいつしか撤回されることを望む、と結ばれていました。

わたしに関していえば、読後感は鮮烈でした。と同時にショックであり、違和感もあり、圧倒されていました。何が新鮮でショックで、違和感があって圧倒されていたのか？とてもひとくちではいえないと思えたため、連載を提示するかたちで紹介して読者の方々に判断を仰いだほうがよかろうとの結論を下しました。

もっとも連載記事に関しては、バイクという同じ趣味を持つ知人たちのあいだで話題に上ったことがあります。三月下旬のことでした。出てきた意見を少し紹介しましょう。

四〇歳以上で、わたしと年齢が近い人たちは、記事の内容についてあまり違和感を抱いていませんでした。「そうらしいね」とか、「この閉塞感は、なんとなくわかるような気がする」といった意見が多く出されました。なかには「やっぱり、甘いんじゃないか？」といった意見もありました。誰が甘いと思うかとの問いには、「本人と親」との答えが返ってきました。

参加者には壮年もいましたが、大半は二〇代や三〇代でした。ロストジェネレーションと名指しされた年代にいる人たちです。ＩＴ関係の仕事をしている人もいました。

その人たちの意見は、肯定派と否定派とともに、無関係派に分かれました。

肯定派の意見は、より上の世代が述べた内容と概《おおむ》ね一致しています。

否定派は「正社員として仕事はしているが、いまの仕事に就くまで紆余曲折があったから他人ごととは思えず、読むたびに胸をえぐられるような不快感があった」、「すいすいと就職できて、しかも昇進してゆく上司たちは、興味半分で読んでいた。キミたちの世代だよな、といわれて肯定したものの、だから何がいいたいんだよと思った」の意見に集約されます。

無関係派の意見を、まずふたつ提示しましょう。

「連載で取り上げられた人たちが、主流であり多数派であるとは思えない」

「どちらかというと弾《はじ》き飛ばされた人だけをクローズアップしているような連載」で、三つ目。これは転職経験を持つ三〇代前半の人の意見です。

「自分探しには現在とのすり合わせや落とし込みが必要。しっかりとしたビジョンがあれば最初の職には辿り着く。目的とする仕事が最終的にできていればいいのだし、それまでに考えが変わっているかもしれない。本来の自分探しは、流浪の旅などから生まれるものではない。一度社会に身を置いてみなければ、本当の自分は見えてこない」

最後に意見を述べた人は、大学を出たときが就職氷河期と重なって、就いた職業は譲歩できる最低レベルだったとのこと。しかしその業務には、最終的にしたい仕事でフツーに求められるノウハウがいくつもあったため、条件より中身を取ったといいます。業務によって自分を固めてゆく作業をしていたとき、景気上昇に伴って第一に志望する業界からの募集が出ました。応募をし、二〇〇倍近い難関を突破して採用されたというつわものです。

ロストジェネレーションと指名された二五歳から三五歳。この年齢層は、本書でいう団塊ジュニアとほぼ重なっています。とはいえ連載は、若者たちを描いている風景でありながら、若者を代表する考えだけで成り立っているわけではありません。ジャーナリズムというフィルターを通した、いわばアウトサイダーならではの見解です――。

2. 勝ち負けは、三〇歳前後で決まる？

若者たちに支持されている意見

そこで若者を代表する考えそのものはないだろうか？　と探していたら、ありました。東洋経済オンラインにある「『若者はなぜ3年で辞めるのか？』の著者、城繁幸氏に直撃インタビュー」です。インタビューは、二〇〇六年一〇月に収録されており、内容はネット上に公開されていました。ちなみに城氏の著作は、インタビューに先立つ九月に上梓《じょうし》されています。

このインタビューには、若者たちを中心に支持者が多いといわれる城氏の想いが端的に表れているとわたしは感じました。またインタビューアーが佐々木さんという、自らが若者の一人と語る『週刊東洋経済』の記者であったことも興味深く思えました。

以下は、東洋経済オンラインに載った城繁幸氏インタビューからの抜粋です。

記者の質問と、それについての城氏の回答を断片的に載せてみますが、引用者（著者）の意図が感じられると思われたかたは是非、ネットに公開されている本文をご覧になってください。日付は二〇〇六年一〇月一三日。城氏の書が九月に出て、その直後のインタビューということになります。(http://www.toyokeizai.net/online/tk/column/index.php?kiji_no=25)

紀伊國屋の新書ランキング（10月2日～8日）でトップに輝くなど、20～30代ビジネスマンの間で大きな反響を呼んでいる『若者はなぜ3年で辞めるのか？』（光文社新書）。同書の著者である城繁幸氏に、1人の若者として、いくつかの質問をぶつけてみた。

――若者にしてみれば20年同じ会社で頑張って確率の低い出世のチャンスに賭けるよりも、職を変えてでもチャンスを探った方がいい。そう考えるから、3年で会社を辞めるわけですよね。

そうですね。明確に意識している人は少ないでしょうが、本能的に「こりゃまずい」と感じている。「僕はこの仕事をやりたいから」と前向きに職を変えることが大事。たとえば、「僕は経営をやりたいけれど、大企業で20年も待っていられないから起業する」というのは、いいケースですね。

――20年会社に尽くしても、それに見合ったリターンを得られる確率が相当下がっているわけですね。

僕の話が信じられない人は、普通の製造業やサービス業で40歳ぐらいのバブル期入社の人を見てください。完全に空手形を摑まされて、放心状態の人が少なくないはずですよ。「職場に40歳前後の先輩社員が異常に多い」という有名企業に勤務する知人がいて、以前からこう言ってあげてたんです。「今に彼らは壊れ始めるぞ」って。最近聞いたら、会社に来ない人が複数出てきたらしい。

――本の中でも、30代の自殺率が高まっているという話がありましたね。

彼らは、今の地位からもう出世できないってわかっているのに、毎日会社行って、全然面白くない仕事を山のようにやらなきゃいけない。出世できなくても、仕事が減るわけではないですからね。大体つまらないじゃないですか、事務作業って。佐々木さんだって、一記者として定年まで働けと言われたら、あんまりいい気持ちはしないでしょ。

――中小企業の社員はもっと不安定なはずですけど、彼らは壊れないんでしょうか？

本当の中小企業の人っていうのはあんまり壊れないんですよ。逆にしっかりしてる会社の人の方が壊れますよ。

心理学者のマズローの言う、モチベーションの理論があるんじゃないですか。モチベーションって高い次元の自己実現から衣食住に落ちていくわけですね。こういうと言葉が悪いですけど、中小企業って結構厳しい世界だから、衣食住の食とか住が一番の関心なんですよ。だから、そういうところは「これ以上自分が出世できるかどうかわからない」ことよりも「メシがあるかどうか」が大事。良く言えば打たれ強い、悪く言えば無頓着。実際、中小の社長さんなんかで、来年どころか「下期の支払いどうしょう」って人はけして少なくない。

――今の30代の人は競争社会に対する免疫がないのでしょうか？　僕らみたいな20代後半は、ある程度、競争に対する準備ができているような気もするのですが……

20代でも30代でもあんまり変わらないでしょうね。最近よく「今までの年功序列でも出世競争があったのに、なぜ団塊の世代は壊れなかったか」という質問を受けます。

もちろん、年功序列でも勝ち負けはつくわけです。勝ち負けを自分が部長に上がれるかどうかで判断すると、勝ち負けがはっきりするのは45歳すぎてからですね。今は、成果主義によって何歳で勝ち負けがはっきりするかと言うと、30歳すぎですよ。少し鈍い人でも35歳で「俺はダメだ。もう出世できない」とわかってしまう。

――なんでそんなに早く勝ち負けを決めてしまうんですか？

ポストがないから。もっと言えば、日本企業には抜擢《ばってき》に際して年齢下限だけでなく、上限もある。40歳以上はもう管理職に登用しないとか。そこに遅れるともう一生飼い殺しですよ。

――城さんは、最近の格差を巡る議論をどう見てますか?

格差自体はあってしかるべきだと思う。だけど、今の問題点はそれが世代によってかなり偏っていること。現在、非正規雇用者(フリーター・派遣社員)の数は500万人近いですけど、その8割って35歳未満ですから。この世代は子供ができたり、家を買ったり、本当は一番お金がかかる世代。それなのに、この世代が格差を全部受け持っているわけですよ。そこは格差社会という言葉で片づけてはいけない。

――城さんの考える平成的価値観とは何でしょうか?

まだ平成的価値観というのは醸成されていないと思うんですね。ですけど、今一時的に景気がよくなっていることで、そうした価値観は無くなってしまうかもしれません。「あの年代の連中は変人だ、わがままだ」と。それはもったいないと思う。もっと育てないといけない。

——以前、高橋伸夫さんの『虚妄の成果主義』がベストセラーになりましたけど、あの本も、結局は団塊世代からの視点しかありませんでしたよね。

完全にそうでしたね。会社によるけれども、若者にしてみれば「定期昇給もない、かといって、抜擢もないではやってられない。ふざけんな」という感じですよね。

——そう思って若者は3年で会社を辞めるわけですが、会社を辞めることで、彼らは幸せになれるのでしょうか？

転職せずに、会社に残ったバブル期入社の人たちが幸せかって言うと、そうは見えないですよ。課長に上がった人はいいですよ。でも、上がれない半分以上の人がバタバタ壊れているのを見ると、幸せじゃないなと思いますよ。

彼らが幸せになれなかった理由は、あるプロセスを経ていないからなんですよ。30代前半までの間に、「自分の人生の価値観や動機はどこにあるのか」というのをしっかり考えなかったんですよ。そうしたプロセスを経る前に35歳くらいになってしまった。それで気が付いたら、40歳くらいになっている。だからもう会社でメシを食うしかない。30代後半の人は本当に可哀想だなと思いますよ。（聞き手：佐々木紀彦）

したいことをやらせてもらえないという若者たち

読後感を正直にいえば、大変なモノを読んでしまったという印象でした。

一方、見方を変えれば、城氏の意見が、ある世代を象徴しているなり、熱烈な支持を受けているのであれば、三〇代の危機を考える上で、重要な指針になるかもしれないとも思えました。

そこで自著と、城氏のインタビューというふたつの資料を比較検討してみることにします。わたしの考えと、城氏の考えの共通点だと感じられた部分を、まず第一章に掲げた自著から抜粋します。

① 若者たちは当初からしたいことが充分できると思い込んでいるし、やりたいことは何か？　と問えば即座に反応が出てくる。

② だからじぶんのしたかったことと現実との乖離に苛立ち、仕事への興味を失って失望する。オレはこんなことをやるために生まれてきたのではない、といった矜持が強く、自信がある。

既に書いたように、わたしが若者たちに抱いた印象です。正しくいえば、二〇〇五年から二〇〇六年にかけて、当時二四歳から二九歳だった離職者たちから受けた印象です。つまり若者たちに抱いた印象とはいうものの、離職していない多数派の意見を反映しているかどうかは不明といえます。

このなかで、若者を語る上でのキーワードを挙げるとしたら「矜持と自信」でしょう。ひとりの力で何もかもできると思うし、またわからないことがあっても他人の手を借りずに独力で解決しようとする姿勢に象徴されます。

①と②は、城氏の語りと呼応している部分があります。城氏のインタビューにある次の

内容です。

❶「僕はこの仕事をやりたいから」と前向きに職を変えることが大事。たとえば、「僕は経営をやりたいけれど、大企業で20年も待っていられないから起業する」というのは、いい。

❷毎日会社行って、全然面白くない仕事を山のようにやらなきゃいけない。大体つまらないじゃないですか、事務作業って。今は、成果主義によって何歳で勝ち負けがはっきりするかと言うと、30歳過ぎ。勝ち負けを早く決めてしまう理由は「ポストがないから」。そこに遅れるともう一生飼い殺しですよ。

早い段階で人生の価値観や動機を考えない人は不幸？

一方、城氏のインタビュー内容に共鳴できない部分は、複数ありました。たとえば、中小企業やマスメディアに触れている部分。

「高い次元の自己実現から衣食住に落ちていく……（中略）中小企業って結構厳しい世界だから、衣食住の食とか住が一番の関心」などは、本当だろうかと思いつつも、読んでいて悲しい気分になりました。

また、最後のほうで語っている「バブル期入社で、課長に上がれなかった半分以上の人がバタバタ壊れているのを見ると」といった部分もそうでした。半分以上が壊れているとは、どこの世界の話だろう？　と疑問が残りました。城氏がいたようなIT業界のことでしょうか。

しかし最も共鳴できなかった部分はどこか、と問われれば、「あるプロセス」という部分でしょう。三〇代前半までの間に、『自分の人生の価値観や動機はどこにあるのか』ということをしっかり考えることが大事なプロセスであり、そうしたプロセスを経る前に三五歳くらいになってしまうと「幸せじゃない」のだと城氏はいいます。

さらに、「彼らは、自分で何をやるべきかを深くは考えなかった」「気が付いたら、40歳くらいになっている。30代後半の人は本当に可哀想だなと思います」と結んでいます。ビジョンや構想はあるものの実績を出しきれていない人間が、希望する職種に就くことは可能でしょうか？　一年や二年という短いサイクルで離職や転職を繰り返してキャリアアップをしている人はどれくらいいるのだろう、といった素朴な疑問が湧きました。

たとえば野球。小学校のときにテレビを見ていて、将来プロの選手になりたいと思ったので、野球部のレギュラーにしてくれと、入った高校なり大学の野球部の監督に告げたら、「チャンスを与えよう」と監督はすんなり応じてくれるでしょうか？

わたしが監督なら、その前に野球に関する経験を尋ねるでしょう。そして、ノックをして球捌《さば》きを見るなど、どれほどの力があるか実践で確認するでしょう。一時間もすれば、リトルリーグにいた経験者であっても「使える人」か、「使える可能性を秘めている人」か、「プロには向かない人」かくらいは、たぶん判断できるはずです。

人間は自らの経験を基にしてでしか、はっきりしたことはいえません。何かをいおうとすれば、書物やインターネットで得た知識より、経験に基づいた感想なり主張のほうがよほど的を射ているはずです。どんな経験をしたかということは、どんな成功をし、どんな失敗や挫折を味わったかということです。

モノが溢《あふ》れる社会で何をするか

城氏のインタビューを知ったことで、「いまの若者は何を考えているのかさっぱりわからん」といわれている意味が、少しばかりわかったような気がしました。これがジェネレーション・ギャップでしょうか。

城氏の意見にわたしが最も共鳴できなかった部分として、「あるプロセス」があることも挙げました。自分の人生の価値観や動機はどこにあるのかということをしっかり考えることが大事なプロセスだという部分です。

これについて三〇歳前後にいる男性は、こういいました。

「城さんのいう『プロセス』論には、ある程度共感できる。もちろん、そこで完結させてしまってはいけないのだろうが、『自分は何をやりたいのか』『何に喜びを見出すのか』『何に幸せを感じるのか』『譲れないことは何か』などといったベースになる価値観をしっかり持つことが大切だと思う、というのが、オレたち世代の考えです」

転職を経験した同年代の女性も、それを支持するような意見を聞かせてくれました。

「城さんがいう、人生の価値観や動機のありかを考えようという部分ですが、よくわかります。真剣になって考える行為は大事だと思います。なぜなら、わたしたちが生まれた時代は、モノがすでに溢れていました。完成度もかなり高い状態でした。必要なものは大半が揃っている。そんななかで、自分は何をすればよいのか？　という疑問を多くの友人たちが持っていました。

ただ価値観や動機を考えた末に、それらと折り合いがついた例と、つかなかった例が出ていることもたしかでしょう。

折り合いがついた例というのは、起業してうまくいったようなケースです。あるいはそこまでいかなくとも、手に入れることができるものは限られていると知っていても、そのなかで幸せを感じられる人たちです。その人たちは、わたしから見るとたしかに幸せそうだし事実、幸せなんだと思います。

一方で折り合いがつかなかった例の代表は、いつも頑張らなくっちゃ、頑張らなくっちゃと、自分に責任感のようなものを感じているケースに代表されるようなマジメな人。でもすでにモノは溢れていますから、多少頑張ってみても到達点が見えてこない。そうしたなかで気がつくと、太陽に大接近したあとの惑星のように、明るい部分からどんどん離れてゆく自分が見えてしまう。このときの疎外感って、意外に大きいんだと思います」

これらの意見に対する私見は付章の冒頭で綴ることにして、次に進みます。

3. シンプルで堅実さを求める世代

さて二〇〇六年夏のこと。日経流通新聞（二〇〇六年八月九日）に興味深い記事が載りました。マーケティング調査から団塊ジュニアのニーズや生活志向を追ったこの大規模な調査は、のちに一冊の本にもまとめられました（『どう動くマス世代の消費――団塊&団塊ジュニアの意識と行動――』日経産業消費研究所　二〇〇六年）。

なぜ興味深かったのかといえば、個々人の価値観が生活のあり方を規定し、マスとしての生活のあり方が購買やトレンドを支配するといった考えを、わたし自身が持っているからです。おおまかであるにせよ、川下と呼ばれる購買やトレンドを追ってゆくことで、川上にあるはずの価値観が見えてくるのではないか、というこの調査の主旨には、素直に賛同できました。

この記事は、単身者（未婚ジュニア）と既婚者（既婚ジュニア）とを比較検討している一方で、バブル期に二〇代の時期を過ごした上の世代、つまり本書でいうバブル期入社組との比較もしています。調査はインターネットにより二〇〇六年六月に行われ、団塊ジュニアの対象は三一歳から三五歳にいた男女五二〇人。比較対象群として選ばれたのは、三六歳から四五歳までの男女六〇四人でした。

記事の大見出しは「団塊Jr 独身は貴族じゃない」。

記事の内容をかいつまんで紹介しましょう。

自分磨きとシンプルさと堅実さ

未婚の団塊ジュニアの特徴は、肩肘を張らない身の丈に合った生活であり、なにごとにも意識的に距離を保った上で自分らしさに強くこだわって、「個」の色を重視するおとなしい独り者とのこと。マンガやアニメ鑑賞を好むサブカルチャー志向は、バブル期に入社した世代にいる独身貴族たちと大きく異なっているようです。

未婚ジュニアの支出を引き出すキーワードは何かというと、モノよりコトであり、自分磨き。その背景には、就職氷河期を味わった実体験があるとも指摘されています。

「九〇年代半ばの『超氷河期』に就職期を迎え、辛酸を舐めた団塊ジュニア。その苦労の経験から生活への不安感が強く、経済力の乏しい人ほど結婚をためらう。実際、この年代の男性では、年収の高い層から結婚していく傾向がみられる」

そうしたなかで収入と結婚という要素が、生活のあり方なり生き方を大きく二分してゆくようです。既婚ジュニアは結婚・出産といった節目に直面しながらも物的豊かさを追求し、マイペースで淡白な生き方は未婚ジュニアにそのまま残ったとあります。

消費については、欲しいものが見つかるまで何軒もの店を回ることをまったく苦にしない点を、記者は「慎重な姿勢」とみています。

ファッションの好みは、シンプルなデザインで実質的、値ごろ感があるタイプに集まるようで、好きな家具やインテリアでも団塊ジュニアの好みはモダンデザインに集中するらしく、和風や欧風、米国風の伝統的な家具に対する反応は、バブル期に入社した、より上の世代に較べて鈍いとあります。

既成概念が崩壊したなかで、就職氷河期を味わった団塊ジュニアたちが生活を模索しようとしたスタイルには、クールな感覚があります。信ずるものが目の前から消えたことにより、自らの感性や知力を信じるようになり、自分の身の丈にふさわしい生き方を探す姿勢を求めるようになっていったようです。

こうした生活環境から生まれてくるのが、豊富な選択肢を背景に、自分らしさの実現をしたいといった生き方なのでしょう。

二四歳から三〇代後半までを、若い人なり団塊ジュニアと呼んだ場合、右の記事からわかるように、この年代は大きくふたつのグループに分けることができるものと思われます。

ひとつは三〇代後半を成している「バブル期入社組」。

もうひとつは、三〇代前半を成す「就職氷河期組」。入社を希望していながら叶わなかった人が多かったことを考えれば、「氷河期の辛酸を舐め、希望する仕事に就けなかった組」ともいえます。しかも生き方や嗜好を追ってゆくと、三〇代前半は、二〇代後半にいる人たちと連続していることがわかります。

これらふたつのグループの境目にいる三四歳から三六歳の人たちは、どちらにも染まっていないか、そうでなければ卒業年度や青春期の過ごし方がいずれのグループに近かったかで、バブル期入社組寄りか、就職氷河期組寄りかに分けられるのでしょう。

「若い人」たちの共通点と、ふたつの世代

団塊ジュニアたちは、ぼんやりとした安心感を持っている傾向があることも、前出した

自著では触れてみました。イメージやビジョンを最優先するため、現実感を伴っておらず、また同年代にIT業界での成功者がいるので、自分もそのうちそうなれるだろうといった考えに象徴されるような現実感欠如や、切迫感欠如が特徴だといわれます。

一方、NHKが企画・実施した同世代による討論会が数年前にありました。そこでは、意見は率先していわないが、同調できる意見があればそれについてより詳しく意見することはやぶさかではないといった姿勢が紹介されていました。面と向かって意見をいうのははばかられるが、ブログなどで意見を述べることには抵抗がないという傾向もあるようです。この姿勢は、四〇歳以上の年代と大きく異なっています。

バブル期入社組と就職氷河期組というふたつの世代。似て非なるグループとはいえ、他の世代にはない共通点もあります。最も多感な時期にバブルの影響を受け、急速なインターネットの普及とともに生きてきた世代という点です。

バブルの影響が意味するところは、多感なときに天国を味わった世代がバブル期入社組であり、多感なときにポストバブルの地獄を味わった世代が就職氷河期組ということです。たしかにいずれの年代にある人も、学生から社会人になろうというときに、社会は嵐のごとく激しく動いていきました。

最大の関心事項は自分自身

就職氷河期組は、〔最大の関心対象は自分自身〕にあり、自分らしさへの強いこだわりや、一個人としての色を重視する点も注目されます。自己肯定意識が強く、自分を認めてくれて支えになる環境や友人を大切にするともいわれています。

以上をまとめてみますと、就職氷河期を味わった未婚の団塊ジュニアは、何もしない時間や精神的な癒しを求めるなど淡白な生き方をしており、既婚者のそれと異なっています。〔自分にとって最適なものを求める〕傾向も就職氷河期組にはあるようで、ものとはモノであり、コトのようです。自分が誰よりも好きだから自分に合うかどうかに大きなこだわりを持っているが、そうなった背景には、辛酸を舐めたという実体験があるとのことでした。大量消費がもたらした終わりのなさや、それに伴う充足感は、高度経済成長が必ずしも一個人の幸せと一致するわけではないことを体感するに充分だった世代――。

本書で若い人と呼んでみた人たちは、そうした経験を多感なときに味わった稀有な世代かもしれません。

この章では若い人たちの考えや、生活観を通して見えてくる生き方への志向を紹介しました。いわば若い人たちの内なる面です。

第一章では、離職理由から垣間見えてきた「職場に横たわる問題」を列挙してみました。育成教育、思い込みと焦り、職場のゆとり、世代間の軋み、コミュニケーションやモラルの五項目です。

そこで次の第三章では、職場における育成教育について考えてみようと思います。右の項目でいえば、【育成教育】がないという要素と、【職場のゆとり】がないという要素が該当します。若い人から労働を遠ざけてしまう環境因子ともいえるでしょう。若い人たちの内なる面から一旦離れて、外を取り囲んでいる要素の輪郭を捉えてみようというわけです。

若い人の考え方にある【思い込みと焦り】と、【世代間の軋み】については、第四章の部分で考えてみることにしました。なお【コミュニケーションやモラル】の欠如については別書『職場はなぜ壊れるのか』（ちくま新書）で論じましたが、コミュニケーションについては第四章でも改めて触れてみることにします。

第三章 働くことと人材育成教育

1．現代の職場で「育成教育」は可能か？

一通の手紙から

企業体の幹部の方からいただいたお手紙があります。そこには重要な課題が提起されていると思われましたので骨子を引用してみます。

「成果主義の導入によって、職員の意識や意欲にも少なからぬ影響が出ています。個人の成果だけを守るため、同じ部屋にいても情報交換がありません。また成果主義導入以降、長期的な基礎テーマは評価されにくい状況にあります。

結果として商品開発部門と基礎解析部門とのあいだに慢性的な評価差が生じており、モチベーションの低下が気になっています。この状態が続くと、魅力的な新商品や画期的な開発結果が得られないことが懸念されます。

職場環境も以前とはちがって、雑談する雰囲気が消えました。評価も異動も、ＯＪＴ（オン・ザ・ジョブ・トレーニング）も《上司》に依存している状況では、《上司の個人差》が大きく影響します。

しかし上司自身も、日々忙しく、部下を教える状況にないという現実があります。チーム評価ができないものか、生産のオペレーション、品質保証業務、安全衛生環境業務、地道な基礎解析など、従来まであたりまえにやっていた仕事を評価するシステムの導入などは考えられないだろうか？　上司のパワーハラスメントなどの課題については、上司になる前の教育も、より大事ではないかと感じております。教育とは、専門性以外のマネジメントに必要な人間関係技能についての教育のことです。（以下略）」


このお手紙をいただいて、わたしは深刻な事態が起きていることを知りました。

複数の人が働く場では、仕事のやりとりを通して相関性が生じてきます。相関性を「よりよい相関関係」にするための手法に、たとえば人材教育があります。

そこで人材教育方法の代名詞ともいわれるＯＪＴについての検討を進めてみたいと思います。部下を育てられないという意見が上司たちからあり、一方の部下たちも必要な教育が行われていないことを理由に職場を離れていったりしています。現代に即した職場教育のあり方にベクトルのすれ違いがあるのだとすれば、業務の停滞や人間同士の軋轢《あつれき》が生ずるのは避けられないことになります——。

ＯＪＴという育成教育方法

部下の育て方では、従来からＯＪＴという方法がよく知られていました。先の手紙からもわかるように、ＯＪＴの思想はいまも生き続けています。そこでＯＪＴについて、二〇〇七年四月四日時点のフリー百科事典『ウィキペディア』に沿った簡単な説明をしておきましょう。

ＯＪＴとは、オン・ザ・ジョブ・トレーニング（on-the-job training）の略で、企業内で行われる職業指導手法のひとつとして、よく知られています。職場の上司や先輩たちが、具体的な仕事を通して、仕事に必要な知識や技術、態度などを部下や後輩たちに指導し、彼らがそれを習得することによって全体的な業務処理能力を高めるという手法です。

これには意図的、計画的、継続的という三つの要素が不可欠です。場当たり的な指導や、いきなり業務を行わせて、困ったときにだけサポートするような指導方法はＯＪＴと呼びません。

その歴史は長く、第一次世界大戦中の米国に端を発しているようです。造船所の作業員を、緊急に育てる必要性が出てきたとき、チャールズ・R・アレンという人が編み出しました。OJTの実際は四段階職業指導法と呼ばれ、やってみせる（Show）→説明する（Tell）→やらせてみる（Do）→補修指導する（Check）というプロセスから成り立っています。

実際の手法はかなりきめ細やかで、次のような内容が推奨されており、中世以来の徒弟制度にはみられなかった近代型の職場指導といわれます。

A. 新人を配置するとき
まず、安心できる雰囲気が大事。部下たちが仕事に関して、何をどこまで知っているか、事前に調べる。学習に対する興味を相手に持たせ、適切な「持ち場」を用意すること。

B. 作業をして見せるとき
注意深く、根気強く説明し、実際に作業を見せ、必要であれば図示し、質問をする。この際、キーポイントを外さないこと。一度に一点ずつ、はっきりと、丹念に教える。一度に何点も教えることは、相手の負担増になり消化不良を起こす。相手が覚える限度を越えてはいけない。

C．効果を確認するとき

実際に仕事をやらせてみる。相手に説明させながらやらせることが大事。どこがキーポイントかも実際に説明させる。こちらから質問して正解を尋ねることも行い、相手が理解した、と判断できるまで継続する。

D．フォローアップするとき

わからないことが生じたら、誰に質問すればよいのかという相手を判断させる。チェックは頻繁に行う。質問は積極的に行うよう促す。進歩に応じたキーポイントを、相手自身に見つけさせること。そうして特別指導や直後のフォローアップの回数や量を、徐々に減らしてゆく。

ＯＪＴとＯｆｆＪＴ

ＯＪＴの基本は家庭教師型のマンツーマン方式。つまり、ひとりの新入社員にひとりの指導者がつき、実務を進めながら育ててゆくわけです。

ＯＪＴが有効であるとされる理由は、実務を通して仕事に必要なノウハウを教えることができる点にあります。新人育成と企業の業績向上といった二点が期待できるのです。

但し、留意事項もあります。指導者の選任です。これには実務経験以上に指導力が問われます。これを軽んずると、新入社員のその後の運命さえ左右しかねません。つまり能力向上はもちろんのこと、人間として持っている可能性の芽を摘み取ってしまうリスクがあるのです。

ちなみにＯＪＴに対してＯｆｆＪＴなる呼称があります。これは実際の職場を離れての指導・訓練という意味を持った和製英語です。職場内教育であるＯＪＴに対して、ＯｆｆＪＴは職場外研修と呼ばれることがあります。企業体での新人教育では、ＯｆｆＪＴを経てＯＪＴに移行するケースが多いようです。

現代の職場は、業務が極めて細分化されています。つまり、「どの分野は、誰に訊けばよいか」について、新人がひとりで判断することが極めて難しい時代になっています。だから誰に訊けばよいかを新人に伝え、「新人が訊いてきたら、職務だと割り切って時間を割いてくれ」ということまで、上司たちにも伝えることが大事な要素になってきます。

ということは、従来にも増してコミュニケーションがスムーズでないと、ＯＪＴは回りません。ところがそのコミュニケーションは、従来にも増して粗雑になっているというのが現代の職場像であるようです。

ＯＪＴの継続運用は難しくなるか

事実、ＯＪＴについては、「必要性はわかるが、なかなかうまく稼動しない」という意見が多数あります。たとえば後述する当社の新入社員たちが指摘した「現代職場におけるＯＪＴの是非論」に出てきた意見のなかにも、その傾向は端的に示されていました。

出された意見をまとめてみます。

ＯＪＴが有効であるとする意見には、①目的が明確であるため、モチベーションのアップにつながる　②指導者自身のレベルアップにつながる　③仕事には習うことと慣れることが必要。個人の成長と業務のスピードアップにつながる、などが並びました。

また有効でないとする意見としては、①指導者も仕事を抱えているので教えるだけの時間がなく、ひいては精神的な負担増加になる　②教える側のレベルにバラつきがあると、教わるほうにもバラつきが生ずる　③ひとつの仕事を完璧に教える方法だと、変化の多い仕事やスピードアップが求められる職場に対応できないのでは？　などが挙げられました。

ここにある否定的な意見を現代の職場に照らし合わせてみると、ＯＪＴという育成教育がなかなかうまく稼動しない理由がよくわかります。

①については、「意図的、計画的、継続的に指導せよ」といわれても、業務の内容変更が多々あり、スピードアップも求められています。そのようななかで、上司にも部下にも異動があります。さらに異動辞令は、本人にしてみれば唐突でしょうから、技量を伝授する余裕はさほどなく、計画途上で中断することになってしまうという実情があります。体系的に準備して計画的に実施するときの「仕事に必要な知識や技術、態度」が、具体的に特定しづらい時代になった点を挙げることもできるでしょう。

②については、かねてからあった問題ですが、成果主義に代表されるシステムの導入に

よって上司や先輩自身が自分のことで手一杯になっていること、また「教育したということ自体が評価の対象にならない」という理由が考えられます。「教える上司の側にも、ゆとりや時間がない」「誰かが教えるべき問題ではあるが、自分がその立場にいるとは思わない」とする意見は事実少なくありません。

また③の場合は、技術の伝承という用語からくるイメージが、従来からある既存技術の伝承であることから、時々刻々変化する技術に必ずしもそぐわない、といった事情があるものと想像されます。

けれどもその前に確認しておきたいことがあります。現代の職場において、「まず人材育成ありき」といった姿勢は正しいか、という点です。人材育成は大事であり、だからこそどうしたら人は育つのかをアプリオリの立場から多くの組織体が考えているのでしょうが、人材育成をする目的は何か？　と問われたら、どれほどの人が明確な答えを打ち出せるでしょうか。人を一から育成せずとも、その職務にふさわしい人材は探せばいくらでもいます。ＳＯＨＯのように、組織外で働く人も増えています。それなら多くの時間と労力を割いて、まっさらな新人を育てる理由がどこにあるのか、といった本質的な疑問です。

加えて、教える側のばらつきは成果主義の導入以来、顕著になりました。教える能力を持った人が、教えることをしなくなったという現象は、珍しくないようです。だとすれば教えられる側の人たちは、教えられるという行為に対してどう思っているのでしょう。何を期待しているのでしょうか、それとも期待するものなど何もないのでしょうか。

営利という明確な意図を持った集団で働いたことのない人たちが、これからその世界に入ってゆこうというとき、教育に対するイメージとはどんなものなのか、わたしには興味がありました。いや単なる興味というより、人材育成について考えてみるのであれば、新卒者の考えも知っておく必要があるだろうと感じたのです。

社内人事研修の一環として、わたしは「働くことと健康」といったようなテーマで、新入社員たちにお話をする機会があります。内容は毎年少しずつ変えています。二〇〇七年四月はＯＪＴを取り上げました。目的は「団塊世代が一斉退職する二〇〇七年問題が懸念されている最中に入社するあなたがたにとって、従来からある人材育成方法は機能するかを考え、自由討論をしよう」という点にありました。

現代の新卒者が抱くOJT感

すでに働いている人たちなら、現場から挙がってきた内容をテーマにして意見交換するのが効果的です。けれども新入社員たちからテーマを募っても、有効な話題は出てこないと思えたことも、こうした手段を採った理由になりました。

新入社員たちには、フリー百科事典『ウィキペディア』にあるOJTについての説明文と質問表を事前に渡し、質問表には次にある二つの問いを用意しました。

a　教えてもらう側からみて、「OJTにあるこの内容は、よいと思われる点」を三つ挙げてください。

b　「OJT」は、現代の職場にふさわしい育成方法（教育方法）でしょうか？　「どちらかというと、そう思う」、「どちらかというと、そう思わない」の二点の立場に立って、理由を列挙してください。

後者については、各々の理由を前もって用意してもらうわけです。ですからディベートではありません。出てきた意見について、さらにフリーな意見交換をしようという企画です。

さて当日。〈討論をする目的〉を告げたあとから研修は始まりました。もっとも、従来からある人材育成方法は機能するかという〈目的〉は、「働くことと健康」という健康管理部門が行う目的といささかかけ離れています。ですから〈目的〉の裏にある背景を語っておく必要がありました。

「隠しても仕方がないし、周知の事実だからいうが、いまという時代、こころの病に悩む人が増えている。若い人たちも例外ではない。実をいうと、あなたがたより少し前に入社した人たち、つまり就職氷河期と呼ばれる時代に入社した人たちは、仕事を教えてもらえなかったことを理由に、何人もが辞めていった。悩みに悩んでこころの病になった人もいた。だから職場で人を育成することが本当に可能かどうか、原点に返って一緒に考えてもらいたいんだ」

事務職と技術職の比率は一対三。ちなみにアルバイトなど、なんらかの労働経験を持つ人の割合は、三〇人あまりの新卒者（大卒、院卒）のうち八九％でした。

教えてもらう側からみて、ＯＪＴがよいと思われる点は以下の内容が挙げられました。

・目的が明確であるため、モチベーションのアップにつながる。最近、目的が語られないことをしばしば経験しているため。
・指導者がつくことで、大きな失敗が避けられる。それによって全体の負担は減る。
・業種や組織体にもよるが、正社員が少ない場合、仕事をしながら覚えることはムダが少ない。

またＯＪＴという育成方法がどちらかというと、「現代職場にふさわしい」とする理由として、上記三点のほかに次のような点が出てきました。

・指導者自身のレベルアップにつながる。
・仕事は習うことと慣れることが必要。個人の成長と業務のスピードアップにつながる。
・ＯＪＴというトレーニングを通して、コミュニケーションがより円滑になるのでは？

一方、どちらかというと、「現代職場にふさわしくない」とする理由は、次の内容が主なものでした。

・指導者も仕事を抱えているので、精神的な負担になる。
・教える側のレベルにバラつきがあると、教わるほうにもバラつきが生ずる。
・ひとつの仕事を完璧に教える方法では、変化の多い仕事やスピードアップが求められる職場では対応できないのではないか。
・教える側に、教えるだけの時間があるかどうか。仮にあったとしても、教えられる側の能力によって、時間の負担に個人差が生ずる。
・人間関係を築くのがヘタというのが、いまの若い人たちだと思う。新入社員が精神的に参ってしまう可能性がある。

限られた時間とはいえ、討論会の手応えは充分なものでした。組織体に属して本格的に働いたことがない人たちから「ＯＪＴは現代職場にふさわしくない」とする理由がここまで出てくるとは正直、予想していませんでした。

目的を語った上での職場教育

育成教育について、簡単なまとめをしておきます。

ＯＪＴは、熟練された上司から部下への単なる教育伝授ではありません。そこには部下を育てるための思想があり、愛情さえ含まれています。ＯＪＴが機能するか否かは、上司が部下たちを育てようという意識があるかどうかに左右されるといってよいでしょう。

ＯＪＴを維持させる上で大事なのはたぶん、究極的に何を求めているのかといった目的であり、また思想です。単純作業とも映りがちな行為をなぜ愚直なまでにするのか？　一方的な伝授でなく、ここまできめ細やかなやりとりを交わす理由は何か？　などの一つひとつが「大したことではない」と思われてしまえば万事休す。技能の伝授にはつながりません。

ところが現代の職場には、既存の職員同士でさえ、目的を語らなければ意味がわかってもらえない場面が多々あります。ジェネレーション・ギャップの問題を挙げるまでもなく、以心伝心を過信することには危険を伴う時代になっています。

ＯＪＴのプロセスについて、先ほどＡからＤまでに分けて説明しましたが、戦力になる部下を育てようといった気持ちがある上司は、このプロセスを知っています。それは多くの人たちがそうした指導を受けてきたからでしょうが、直感や天性の素質に依存する部分も少なくないでしょう。

あるいは、この新人には何が足りないかを見抜く力も求められます。それには説明したあとで、実際にやらせてみるとよくわかります。最初からうまくいくはずはありませんから、かいつまんでポイントを教えます。あれもこれも教えようとすると、新人は戸惑います。一度にひとつずつ、というのは、まどろっこしく感ずるかもしれませんが、それが一番手堅く、また確実に覚えてもらえるコツであることは、OJTのBにある説明どおりです。

けれどもすでに述べたように、OJTに代表される育成教育ができない職場がいくつか生じてきました。新たな技術によって支えられているような職場であり、教えることを困難にさせているような職場です。

現代は育成教育が困難な時代か？

育成教育をしようにも暇がないという声は、多くの職場から聞こえてきます。

たとえば個人情報保護法、あるいは法令遵守を謳うコンプライアンスは、従来からあった概念ではありません。金融機関であれば、個人情報保護法の知識を把握して職場で共有することが新商品を売るために必要な技量になりますし、自宅に資料を持ち帰らせないための理由にもなります。

コンプライアンスも同様で、こと細かに法令をチェックして、どこにある何が法に抵触するかどうかを吟味した上で、その知識を職場内で共有する必要があります。それを怠ると事業を進めてしまったあとで「この法律に触れるので事業は撤退する」といったことになりかねません。

こうした業務では、専任となる人たちが選ばれる一方で、兼任になる人たち、つまり日常の業務とは別に新たな仕事を上乗せされる人も同時に選ばれるのが常です。事実、概念そのものが新しかったため、外からの人材を採りづらかったようです。実務自体の経験者がまわりにいなかったわけですから、このような業務をする立場になった場合、誰もが「学ぶ」ところから始めなければなりませんでした。

熟練者が未熟な者を育てるといった計画が最初から立たないなかで、掛け持ちとなった業務が順次入り込み、やがては本来の仕事に加わってゆきます。効率性を重視した働き方が求められる時代になって以来、仕事は時間内に完結させねばなりません。そのような環境のなかで、たとえばこの新規事業を進める上で、なぜ××法とのすり合わせが必要かといった、本質的な部分についての議論を交わす機会は、徐々に薄れていってしまったのでしょう。

仮に少しばかり熟達した者がいたとしても、自分のことで手一杯であれば、即時的なテクニックだけを教えるようになってゆきます。当然、若手は育ちません。包括的な業務の受け渡しができなくなりますから、結果的にあれもこれも自分でやることになります。一から教えるより時間がかからないし、面倒な質問を受ける余裕もないためです。長期的に考えれば部下を育成して、業務を受け渡したほうが有効だと頭ではわかっていても、それをする余裕がさしあたって「ない」というのが現実ではないでしょうか。

こうした環境のなかで、とりわけ三〇代の人たちにしわ寄せが集中していった理由は一体、どこにあったのでしょうか？

2. 三〇代の職場で起きていたこと

増える「代理」「補佐」職

働きながらこころの病になってゆく三〇代の人たちに関していえば、業務との関連が深い職種にエンジニアがあり、業種の代表には情報関係があります。この双方が重なった部分にいるのがシステムエンジニアの人たちです。

連載「ロストジェネレーション」のなかで、ある雑誌編集者はこう語っていました。

「失われた一〇年というのは、インターネットが急速に広まった一〇年でもあり、社会が激しく変化した一〇年だ」

インターネットを支えてきたのはシステムエンジニアたちでした。通信産業の進化、パソコン端末機や携帯電話の小型軽量化も、総じてシステムエンジニアたちのたゆまぬ努力に負うところが大きかったはずです。

国内におけるＩＴ関連産業は一九八〇年前半に黎明《れいめい》期を迎え、バブル以前から以降にかけて加速度的に進化したエリアです。技術的なノウハウは、既存の従業員から学べるものではなく、試行錯誤を繰り返して自分たちで模索するしか手がありませんでした。しかも技術は国境を越えて、スピードとの戦いが恒常的にありました。これまで見たこともない世界を見据えての作業です。

現代は、情報の送り手と受け手が多方向性を持って流動化するウェブ2・0時代になったといわれます。ウェブ2・0時代の先が予見しにくいように、ウェブ2・0時代の到来も想像しにくかったというなかで、スピード化とグローバル化の牽引者だったのがシステムエンジニアだったのでしょう。業務を推進し拡大してゆくには、中軸となって働く従業員の量的かつ質的な充実が求められたはずです。

中間管理職の若返り現象はこうした業界でまず起こり、また課長代理や係長代理に代表される中間管理職〈の一歩手前〉とされるポジションが大幅に増えるといった現象は、その後、さまざまな業種へと波及していきました。このポジションで共通に指摘されるのは、「責任は押し付けられるが権限がない」という点にあります。「ある仕事を任されたが、なかなかうまくいかない」「完成の一歩手前で競合相手に先を越された」といった状況が次々と発生するなかで、昼夜なく仕事をするといった環境に、アメリカ型の評価方法が入ってきました。成果主義に代表されるシステムです。

成果主義と新卒雇用激減の影響

ソフトウェアとハードウェアの開発を伴うIT業界や、遺伝子工学に代表されるような進歩が急速な分野では、もともと教育がしづらいことが指摘されていました。その環境に成果主義が入ってきたのは一九九〇年代のことです。短期目標を達成するためのノルマが第一に優先されるようになっていきました。ノルマは管理職にいる上司と、部下の話し合いで決められます。ところが専門色が濃くなればなるほど、既存の管理職たちは急速進展している分野から取り残されます。一歩進んでいるうちに、若い人たちは二歩も三歩も先を歩いています。

それなら部下たちへの教育がおろそかになっていったのは必然だった可能性があります。旧来からある教育システムを稼動させようとしても、肝心の中身である伝承すべきモノが大きく変化しつつある時代だったからです。

一方、二〇〇四年に行われた労働政策研究・研修機構の調査によれば、残業をする理由として第一位に挙げられたのは「そもそも所定労働時間内では片づかない仕事量だから」でした。従来なら基礎的な仕事は新卒者に受け継いでもらえました。ところが就職氷河期には、多くの組織体が新卒者の採用を手控えました。労働力を極力削ろうといった方針は、人件費削減にはなるものの、ひとりあたりの仕事量は増えます。

　景気が徐々に回復するにつれ、組織体そのものが抱える仕事量も増えています。二〇代の労働者が極端に少ないといった現象は、中軸として働く三〇代の労働者を直撃しました。部下に振られていた仕事までこなさなければならなくなったためです。よく知っている仕事ではあります。けれども最優先しなければならない仕事のすき間に、単純な仕事が入り込んできました。単純な仕事といっても、処理するには時間を伴います。ひとつの仕事に注がれる気力が失われ、そのぶん労働時間の延長が起きます。結果として「所定時間内に終わらない」という現象が生ずることになります。これも必然でしょう。

　中軸にいたスタッフが休職するようになったり、離職していったりすることで、別の中軸スタッフたちに業務の増幅が起こるなか、必達目標（コミットメント）の完遂が、終始求められました。完遂できなければマイナス評価をされる――それが成果主義のスタンスです。締め付けは一層厳しくなり、一切の余裕が職場から消えました。

　そのような職場環境の中枢にいたのが、まさに三〇代の人たちだったのではないでしょうか。

技術の伝承と人材の育成

二〇〇七年三月二一日の春分の日。わたしは民放のニュースを見ていました。番組では、池袋にある「元祖つけ麵屋」との名で知られる大勝軒の閉店を取り上げていました。再開発によって閉店するとの情報を得てかけつけた人で、開店前から長い列ができていました。当日用意されたのは普段より多い四〇〇人分で、四〇分早い一〇時二〇分の開店となりました。

番組では、教えを伝授された若者が登場していました。大阪で店を営む二〇代の男性です。修業時代は池袋の店に近い、古びたアパートに住み込んで働いていたようです。しかも給与は〔ゼロ〕。そのかわり、お小遣いをもらい「これで、銭湯にでも行って来い」といわれたときは嬉しかったと若者は笑いました。二一世紀の、しかも平成一九年のいま、のことです。

給与ゼロについて若者はこう語りました。

「だって、修業の身ですから」

店じまいは時代の変化で仕方がない、と店主はいいます。これからの人生はどうするのか。その質問に店主はこう応えました。

「弟子が一〇〇人くらいいます。残りの人生で、店めぐりをしますよ」

わたしは正直、こころを動かされました。若者に対してもそうですが、弟子たちを育て上げた店主がまぶしく見えました。これを技術の伝承と呼ばずして、何と呼べばよいのでしょう。

技術の伝承とはトップダウンで行われるものではなく、ボトムアップによってのみ可能なのかもしれない。そんな気持ちにさえさせられました。「必要な技量だ」と上からいわれても、本人がそうした必要性を感じていなければ、真の意味での伝承はありません。不本意感が大きければ大きいほど、「やらされている」感は募り、そこから不協和音が生じます。その象徴が事故でしょう。

店舗内での教え方は、中世以降、現代でも残っている徒弟制度に近かったのかもしれません。けれども自らが見せて説明し、やらせてみてツボを説明させ、理解できたと思われるところまで徹底的に観察指導をするというOJTの要素が、ふんだんに盛り込まれていたのだろうと、わたしは想像しました。

人材育成教育の重要さはわかっていても、現実問題としてその運営が難しい時代になりつつあるのはまちがいないようです。とはいえ、わかっている事実もあります。第一次世界大戦はロストジェネレーションとともに、ＯＪＴを生み出したということです。

技術の伝承は職種に大きく影響されます。従来からあった技量を存続する色合いが強ければ強いほど、ＯＪＴは受け入れられます。逆に技術革新がスピード化されればされるほど、旧来型のＯＪＴは機能しなくなります。何を教えるというときの「何」が、教える側にとっても教えられる側にとっても、とらえどころのないモノになっているからでしょう。

ＳＴＤＣＰＡやＷＫＹという方法

いまという時代、作業を教え、覚えてもらうにはどういった方法がよいのでしょう？

茨城県の東海村にある原子力発電所で臨界事故が起きたことがありました。事故をまとめた事故調査委員会報告から見えてきたのは、素人の手による安直な創意工夫でした。マニュアルには、業務を遂行するための手順がいくつも書かれていたのですが、現場担当者はその手順の一つひとつが「不要」なものに見えたようです。ためしにひとつを省いてみたら、業務に支障はありませんでした。それでふたつ目を省くことにしました。それでも支障はありませんでした。そうしていくつかの手順を省いたとき、臨界事故は起きたのです。

事故調査委員会が重視したのは、現場担当者たちが口にした〈創意工夫〉でした。不要なものなら省いてしまったほうが便利との判断は、専門家からすれば素人の手抜きでしかなかったのです。とどのつまり、マニュアルにあった手順の意味が理解されていなかったことになります。手順を省く前に「どういう理由や必要性があって、この項目があるのか」を考える行為がおろそかになったとき、マニュアルは意味を失います。列記されているものは余計なことまで書かれていると各自が思うようになってしまえば、すべては自由気儘《きまま》に行われるようになります。もはやそこに技術の伝承なる思想は存在しません。

マニュアルや標準動作、社内規則の必要性はどこにあるかなどについて、各自・各職場で再討論する時期が来ているように思えます。大事な考え方は「どういう理由や必要性があって」という視点からモノを考える姿勢です。その過程（プロセス）で各自が考えるようになるばかりでなく、必要な項目や足りない項目、あるいは不要な要素が見えてくるようになります。あるいは自分たちの職場が、既存の技術によって支えられている部分が大きい職場なのか、新たな技術がスピードとともに入り込んでいる職場なのかを見極める必要もあるでしょう。

一方、現代の職場で好んで用いられることばに、ＰＤＣＡサイクルというものがあります。あることを計画的かつ円滑に遂行するには、まずプラン（Plan）を立て、それを行い（Do）、どこかに問題があるかをチェックし（Check）、それに基づいて修正された行動（Action）をするという一連のサイクルを何度も繰り返して回せ、という方法です。

ＯＪＴにＰＤＣＡをブレンドした場合、ＳＴＤＣＰＡという概念が生まれてきます。これは、教える側がまずやってみせ（Show）→やりかたを口頭で説明し（Tell）→教えられた側の人にやらせてみて（Do）→双方でチェックし（Check）→目的に合っているかどうかを全体で検討し、より好ましい方法があるかどうかを考え直して再計画を立て（Plan）→それに基づいて試しに行動をし（Action）→うまくいったら、教える側がまずやってみせ（Show）……という方法です。頭文字を取ればＳＴＤＣＰＡとなります。

この方法が従来のＯＪＴと異なる点は、教える側と教えられる側が固定されておらず、また全体討論があり、模索のなかから出てきた行動をする部分にあります。新たな現場教育の手法として検討する余地があるかもしれません。

社員を立ち往生させない工夫も欲しいところです。わたしのいる会社では、WKYという活動を取り入れている事業場があります。業務をする上で、わからないこと（W）、困っていること（K）、やりづらいと感じていること（Y）をどんどん出してもらい、情報の共有化をして対策を立てるのです。ある人が困っていたり、やりづらいと感じたりしていることは、別の人も同じように感じていることがよくあるのです。

ですから参加者は、事業場長も含む全員です。こうした活動は、ネックが個人レベルにあるのか、小グループにあるのか、事業場や会社全体にあるのかを把握する上でも有効な手段です。なにより職場の風通しをよくする上で、極めて効果的なのです。

次の第四章では、現代の職場が抱えている問題に始まり、若い人の【思い込みと焦り】および【世代の軋み】を中心に考察してみます。育成教育の低迷や、職場のゆとりのなさと同様、これらも若い人たちにとって、労働をより遠い存在にしている可能性があると考えるからです。

第四章

未来を夢想するより、現在の直視を

1. 現代の職場で、何が起きている？

ある会社で働くカウンセラーの方から、こんな連絡がありました。

「年代に関係なく、まるで誰かに監視でもされているかのように、多くの人がそわそわしているように最近、感じられるのです。思い過ごしでしょうか？」

そういわれてみると、わたしにも思い当たるふしがいくつかありました。地方銀行で執行役員をしている知人は、社員たちから発信されたメールをすべて閲覧するという業務をしています。知人はこう語っていました。「こちらは仕事だけれど、見られるほうはいつも監視されているようで抵抗があるという意見が多い」。

職場の環境に変化が出ているようだとわたしが感じ始めたのは、この数年のことです。正社員としての労働量が増えていることは知りながら、しかもそれが加算的に増え続けることを実感しながら、正社員を降りたら使い捨てにされるだけという強迫観念にも似た思いを抱いて働いている人が多いように思えてならないのです。

自分のエリア内にある業務をこなしていればよい時代は終わりました。たとえば前章でも触れた個人情報保護法。何が個人情報に該当するかを調べ、それがリークしていないかをチェックするのは大事なことです。だからメールがチェックされるのでしょう。しかし煩雑であることもたしかです。法令を遵守するというコンプライアンスに先立つ行為も同様で、片手間ではできません。

内部統制もまた同じです。米エンロン社の粉飾事件に端を発した企業の不正会計や粉飾は、不充分な監査体制が原因とされ、内部統制なる概念が浮上しました。折しも西武鉄道やカネボウ、さらにライブドアの粉飾事件が日本でも起きました。財務諸表の監査にとどまらず、それを作成するプロセスがきちんとされているかどうかも検証されるという内部統制は日本にも急遽《きゅうきょ》上陸し、すべての上場企業は二〇〇九年三月期から義務化されることが決まっています。日本版SOX法（金融商品取引法の一部）も誕生し、内部統制についての報告実務が盛り込まれることになりました。

誰もが仕事を掛け持ちしているなかで、時間外勤務も監視されるようになりました。慢性的な長時間労働によって心身が蝕《むしば》まれてゆく事実が、次第にあきらかになってきたためです。

仕事は効率よく完成させ、計画に導かれた目標は、必達が前提です。落ち度があれば、成果主義のもとにあっさりマイナス評価を受けてしまいます。そんななかで可能なら逃げたいけれど、逃げては負けだし避難場所さえないと、どの社員たちもじっと耐えているのではないでしょうか。なぜこんな状態になってしまったのかと訝《いぶか》りながらも、世の動向に立ち遅れないよう指示された仕事だから仕方がないのを理由に、せっせと毎日働いている人が実は少なくないのではないでしょうか。

そんな折、北海道新聞から連絡がありました。「職場で何が起きているのかについて、一八〇〇字以内でコメントを」。二〇〇七年三月のことでした。

二〇〇七年四月二日の北海道新聞に掲載された文を、そのまま提示してみます。

「職場で、何が起きているのか」

ひとりの人間が生活する場は、家庭に限定されない。子どもであれば学校があり、就労年齢にいる多くの人たちには職場がある。その職場が、いま揺れている。

ひとことでいえば、従来のように職場でどっしり構えて仕事をする雰囲気が希薄になった。気になっていることを抱えながら、誰もが仕事をしている。

何が気になるのかといえば、まず自分の将来だろう。それを評価する手段として、たとえば成果主義に代表される評価・査定制度がある。「あなたは不要な人」との烙印をいずれ押されるかもしれないし、もしかしたら、すでに押されているのかもしれない。「戦力外通告」はその先にある。不安に煽《あお》られてしまうと、仕事がもう手につかない。

成果主義の多くは、短期的視野に立った評価をする。中・長期的ビジョンを順次落とし込んで、この一年で何をするかといった目標を立て、それを達成するのに、この半年で何に取り組むかの課題を掲げ、時間が来たところで達成度が判定される。判定が評価になって、労働者に還元される。

ムダのない理想的な手段に見えるが、落とし穴がいくつもある。

まず、目標なり課題は、「妥当」といえるか？　これは上司とともに設定するのが常だが、上司に力量がないと「甘い」目標になる。達成率は高いから、目標を立てた部下にはよい評価がついてくる。味をしめた部下は、また甘い目標を立てるだろう。

逆の例もある。半年や一年ではとてもクリアできそうもない目標なり課題だと、達成率は下がる。上司は「あなたの能力が秀でているからこそ、このレベルを掲げた」という。周囲が目標を次々とクリアしてゆくなかで、自分だけが未達という敗北感。

労働者に還元されるモノは、たとえば報酬であり、人事考課である。還元方法は組織体に一任されているから、さまざまだ。産業能率大が行った「目標による管理」実態調査報告書によれば、賞与にだけ反映させている会社が九四%と最も多い。月給に反映されてしまうと生活は即、不安定になる。人事考課に反映させていると回答した会社は七七%。つまり二三%は、目標管理制度を敷いていても、人事考課には反映させていない。

ややや離れたところから成果主義を眺めてみれば、社会主義や共産主義と似ていることに気づく。設計図があり、それを成就すればすべてがうまくいくといったビジョンだ。

しかしベルリンの壁が砕かれ、ソ連が崩壊したことで、設計図は所詮、設計図でしかなかったことが証明された。もちろんこれはわたしなりの印象だ。

社会主義や共産主義に崩壊をもたらしたモノは、人間である。本能めいた欲であり、傲《ごう》慢《まん》さである。甘い汁を吸いたい人がいて派閥を作り、不都合な事実は隠蔽《いんぺい》する。

成果主義の側面に顔を出してくる要素も、実はこれに近い。

これまで普通にあった人間同士の信頼関係が、職場でも一気に崩れようとしている。こうした環境下で仕事をしても効率的な作業はできないだろうし、実績も上がらないだろう。しかし、自らが設定した環境のもとで実績を出すしかないと、多くの人が思っている。

このところ格差社会の象徴ともいうべき、正社員と非正社員に関する議論が盛んだ。かつての日経連が一九九五年に出した「新時代の『日本的経営』」に描かれた《新時代の正社員像》は、管理職や総合職などの基幹職だけから成り、高度な専門知識を持った人や一般職、営業職などはすべて非正社員にしようというもの。そこで、厚生労働省が出した平成一八年度版労働経済白書。非正社員の割合が高まる理由の第一位は「労務コスト削減」（八〇・三％）とある。現代は、『日本的経営』という設計図に限りなく近づいている。

経営が大きく傾いた会社から乞われて、リストラに手を染めずに立て直す人がいる。大半は外部にいた人だ。組織体の弱点は、外にいるからこそ「見える」。だとしたら、「内」に常在する正社員が、正社員として継続雇用される理由は何か？『日本型経営』を突き詰めていけば、正社員不要論になりはしないか？

そうした労働形態を国民の多くが望んでいるのなら、それはそれで別の話だろう——。

正社員不要論について

主題に向かって考えながらキーボードを打っているうち、正社員不要論なる仮説に至った経緯について補足をしておこうと思います。

まず、旧日経連が打ち出した「新時代の『日本的経営』」論を、わたしは上層幹部たちの保身がみえたように読みました。この〔論〕は、「労働」と「雇用形態」というふたつのキーワードによって得られた複数資料のひとつにありました。正社員は内に常在する管理職や総合職だけでよく、一般職や営業職はすべて非正社員化するという点が「挑戦すべき方向」でした。雇用ポートフォリオと銘打たれたこうした考えの狙いは人件費節約にあると書かれています。内に常在する正社員とは、たぶん頭脳部分という意味でしょう。それなら大半の新卒者は非正社員の道からスタートせねばなりません。

一方で、リストラに手を染めずに経営を立て直す人がいます。リストラをするという行為は、「ムダがあることとイコール、ムダな人員がいる」といった発想によるのかもしれませんが、古いしがらみに代表されるようなムダなコストや業務は、「外」にいる人間の目に歴然と映ります。ムダを一掃しようというなら、しがらみを断ち切る手立てを持たない頭脳部分そのものを切り離す選択肢もあっていいでしょう。つまり舵取り役そのものをアウトソーシングし、その人物が求める幹部職員たちを自由に雇う方法にみじんも触れていないのは、自己保身以外の何物でもないように思えたわけです。

消えたトップの思想

コメント文を打ち込んでいた三月下旬という時期は、臨界事故にまつわる電力会社の不祥事が相次いでいました。その前には老舗《しにせ》菓子メーカーの不祥事もありました。さらにそのずっと前には、古くなった乳製品を再利用して崩壊したメーカーもありました。

あるものを作る工程には人の手が入ります。ですからミスや事故の確率をゼロにすることは困難です。そうであれば事後対策が大事になってきます。誰がミスをしたのかという犯人探しをするのではなく、なぜミスが生じたかの原因究明が求められるのです。具体的には、システムそのものに誤りがなかったか（ハード面の見直し）、扱い方は妥当であったか（ソフト面の見直し）、そして個人の判断に誤りはなかったか（人為的行為や教育の見直し）の三点について、多角的に分析する行為をいいます。

古い乳製品を再利用して崩壊したメーカーは、以前にも失態を犯していました。一九五五年に、小学校給食に用いられた脱脂粉乳で、一九三六人もの児童が食中毒になったのです。

ところが当時の社長が出した訓告は、実に崇高なものでした。

「人類にとって最高の栄養食品である牛乳を、豊富に国民に提供することが当社の大きな使命であり、誇りとするものだが、この使命に反した食品を提供するに至っては当社存立の社会的意義は存在しない。（中略）信用を獲得するには長い年月を要し、これを失墜するのは一瞬である。今回発生した問題は、当社の将来に対して幾多の尊い教訓をわれわれに与えている」

この教訓を知り、しっかりした経営者がいると感銘を受けて入社を決めたのち、五〇歳になろうとしたときに乳製品再利用事件が発覚して社会問題となり、リストラにて離職した人がいます（『サラリーマンと呼ばないで』光文社）。

経営陣の考え方ひとつで、企業の存立基盤である思想や哲学はおろか、多くの従業員の存在まで消し去られてしまった好例でしょう。現場の声に耳を貸さず、古い乳製品の再利用を許容した平成の経営陣には、右の訓告にある凛とした精神が見えません。

期限が切れた食品を再利用したり、その行為を黙認するような風習は企業風土の問題です。この悪しき風習は、しがらみでもあります。それらを払拭するのに、頭脳部分は社会のため、また従業員たちのために常に機能し、また機能し続けるものと誰が断言できるでしょう。従業員たちが汗水垂らして積み重ねた信用を、金銭もろとも不用意にふっ飛ばしてしまった点では、不祥事も「ムダ」のうちではないでしょうか。

「新時代の『日本的経営』」を引き合いに出したのは、ある危機感が以前から頭のなかで気になる音を立てていたためです。全国で働いている三〇代や二〇代の人たちが揺れているといった現象です。厚生労働省が発表した「精神障害等に係る労災請求・認定件数の推移（平成一六年度）年齢別構成比」によれば、請求数も認定数も三〇代が突出しており、二〇代がそれに次いでいます。二〇〇六年は請求数も認定数もさらに増え、三〇代が四割を占めるまでになりました。

労災というからには、正社員・非正社員を問わず、仕事をしている人たちが対象です。

北海道新聞のテーマと取り組もうと資料を探している最中に、一九九五年に出されていた「新時代の『日本的経営』」の存在を知り、それを読んでいたとき、ふと仮説が湧いていたのです。

2．行く先を見失った若い人たち

イメージがひとり歩きしている「やりたいこと」

ここで、入社後しばらくして離職していった人々が語っていた「離職理由」のうち、育成の側面から切り出されたものをふたたび列挙してみることにします。

Ⓐ 仕事を教えてくれなかった。
Ⓑ 即戦力になれなかった。
Ⓒ 意見を聞いてもらえなかった。すべてが一方的だった。
Ⓓ したいことをやらせてもらえなかった。
Ⓔ 採用面接では、「したいことは何か」と詳しく訊かれたが、実際は別の仕事になった。
Ⓕ 職場の雰囲気が悪かった。遊び場だと思っている人もいれば、陰湿な言動もある。

どこでどういったすれちがいがあったのでしょう。何か欠けていたものがあるとするなら、それは何だったのでしょうか。

わたしが判断する限り、それらに対するヒントは、この離職理由の裏に隠されていました。ひとことでいえば、やりたいことがぼんやりイメージされているだけで、それがひとり歩きしてしまっているのです。自分としては、やりたいことがわかっているつもりだし、自分にとってその仕事が最適であると信じてはいるものの、経験を伴っていないから骨太になっていない。こうした傾向は、「あなたがしたいと思っている仕事について語ってください」と問うことで容易に確認できます。

仕事というものは、やってみなければわかりません。しかも、これだけやれば向き不向きがわかるといったような判断基準さえないはずです。

若い人たちが抱く仕事のイメージは、インターネットやメール、あるいはリクルーターなど間接媒体から得られた情報のみによって組み立てられるようです。たしかにリアルタイムの情報交換は、いまの若者たちにとってフツーのことでしょう。

けれども共通に得られる情報は、上澄みだけ掬《すく》い取られた薄い内容です。たとえばプロデューサーという業務があります。わたしは何人かのプロデューサーと会っていますが、プロデューサーの仕事は何かと問われても応えることができません。一人ひとりがこなしている業務が大きく異なっていたため、うまくイメージできないのです。ところが辞書を引けば「映画・演劇・放送などでの制作責任者。作品の企画から完成までの一切を統括する」と説明されています。インターネットを閲覧すれば、それに似たような内容がいくつも出てくるでしょう。どれも正しい情報でしょうが、これを知ったこととプロデューサーがしている業務を知っていることとは、おそらく別なことのはずなのです。

情報だけではわからない

わたし自身がしていることを書けば、もう少しわかってもらえるでしょうか。わたしは産業医をしていますが、産業医って何ですか？　と訊かれることがよくあります。辞書を開いて「職場で労働者の健康管理に当たる医師」と説明されている部分を提示してみせても、また訊かれます。

なぜ訊かれるかといえば、辞書の説明ではわからないからでしょう。「職場で労働者の健康管理をするというが、職場に限定しなくてもよいのでは？」などと尋ねてくる人もいます。「健康管理というのは健康診断のことですか？」と聞かれたこともありました。

辞書に書かれている「職場で労働者の健康管理をする医師」になりたかったから産業医になったというのであれば、あなたがやりたい仕事は辞書やネット情報から簡単にわかりますよ、とアドバイスできるはずです。しかし実情をいえば、最初の五年くらいは自分でも何をしているのかさっぱりわからなかった状態が続きました。

わたしがいま社内で何をしているかといえば、事故ならびに健康障害の監視員であり、事故調査員であり、職場環境改善員であり、人間ドック判定員であり、心理相談を含む医療請負員です。同時に、会社という組織体の人事本部員であり、安全衛生推進員であり、経営方針推進会議員でもあります。それらはいずれも、会社の上層部から指示されたからやっているものばかりです。少なくとも産業医になる前に、こうしたことが業務であるとはまったく知りませんでした。知っていたら選んでいたかどうか。いまとなってはわかりません。

あるいは、職場のメンタルヘルス。産業医になった当時、メンタルヘルスなどという用語は職場にはありませんでした。話題になってきたときでさえ、それは精神科医の仕事だろうとわたしは思っていました。けれども、それはあなたの仕事でしょう、といわれたから取り組むようになったのです。そんなことでいいのかと問われそうですが、事実ですからそう応えるしかないのです。

そのようなわけで、事故調査員や職場環境改善員が産業医の仕事かと問われてもわかりません。産業医の「仕事」という部分が、わたしのなかでいまだに定義できていないからです。……いまだに？　そう、いまだにです。もっとも産業医の役割ならわかっているつもりです。職場を離れた従業員が旧友たちと集ったとき「オレはあのメーカーにいたから指を一本失った」「あの業務をしていたために肺が悪くなった」「仕事のことは思い出すのも不愉快だ」などと語るのは悲しいことです。そうならないために、いま何が必要かを考え、どうしたら実行できるかを提案しながら、従業員たちとともに具現化することです。

若い人が焦る理由

新入社員に限らず、三〇歳くらいになっても辞書の域から脱出できない人がいると教えてくれたのは、広告代理店にいる方でした。社内面接で以下のやりとりがあったようです。

「CMを作りたいと、しきりに自分をアピールしてくるわけですね。一日でも早くその仕事をしたいという焦りまで感じられる。その前に必要なことを学んでもらいたいとの期待があるから、こちらはそれについての感想を聞きたいのだけれど、余計な仕事をさせられているといった印象を抱いているらしい。

こんな本も読んでいるし、こうした映像から影響も受けたというから、その中味を問うてみたら本は大半が雑誌。映像はCM。それは情報であって、本を読むこととはちがうでしょう。映像ならまず映画だろうし、その元になった原作だろうと。

こちらが知りたいのは、いまの仕事ぶりや困ったときの対処法。広告業界では、トラブルが毎日のようにあります。あるいは普段考えていることなんかも知りたい。

そうした状況が読めないのか、聞けば聞くほどこちらの希望とは逆の答えが返ってくる。

それと気になるのは、中途半端な反応がすぐさま来ること。こちらが大事なことを話していても、途中でさえぎって話し始める。聞きませんね、相手の意見を。それじゃあ広告代理店の仕事はできない。クライアントが何を求めているか。その嗅覚がまず求められますから。そのあとにセンスが問われる。センスはひらめきみたいな天性のものに、経験が加わってできあがる。

キャリアを気にしているのかもしれないし、早く未来をクリアにしておきたいのかもしれないが、気ばかり焦っていて、大事な部分がいつまで経っても充塡《じゅうてん》されない。本人にとって、この仕事がベストかどうか。そんなことまで考えましたよ。大袈裟にいえば、その人の人生にとって何がプラスに作用するかなんてこと。そんなの、わかるはずがないよね。

わたしがいっていること、まちがってますか」

若い人たちはなぜ焦るのか？　それはたぶん、自分が掲げたビジョンがはっきりし過ぎているからであり、仕事や生き方についての設計が明確に過ぎるからではないでしょうか。それを最短距離で完遂しようという思いが、あまりに先走りしているのではないでしょうか。

自己溺愛《できあい》と唯我独尊

CM制作者を目指しているということの若者の像は、いまの若い人たちの姿を象徴しているように思えます。就労する上で障壁があるとしたら、何に関心を示すかという以上に、関心を示す〈度合い〉でしょう。最大の関心事項は自分自身にあってよいが、関心が自分自身にしか向かないのであれば、社会的集団生活を送ることは難しくなります。

自己中心的な生き方というのはむしろ自然なことです。しかし、自己中心的な生き方が屈折してしまうと自己溺愛になります。自己溺愛は成長の過程で誰にも見られる普遍的な事象ですが、それがいつまで経っても消えないと、内なる自分にしか興味が向かなくなり、外界との交流がうまくいかなくなってゆきます。相対比較もできなくなりますから唯我独尊の世界に浸る危険さえあります。自分をわかってくれない、自分の才能が発揮できないという絶望感は、そんなところから生まれているような気がします。

離職した新卒者たちが挙げた理由と、それを受け止めた現場とのあいだに見られる見解の相違を解くカギが自己溺愛であり、「他人の力を借りることを忌み嫌っているかのようだ」との表現に凝集された行為を解くカギが、唯我独尊なのかもしれません。それらは伝統文化にみられるカビ臭さを嫌うという、マーケティング調査でいみじくも指摘された要素と一致します。さらに自らの道を自力で開拓しようとし、またできるはずといった自信なり矜持とも合致しています。

ちなみに自己中心的という意味を示す「ジコチュー」なることばがありますが、これは自己溺愛とほぼ同義なのだろうとわたしは捉えています。その逆である自分のことを中心に考えない姿勢は、他人を中心に考えるということでしょう。宗教戦争や民族紛争に見られる自爆テロや確信犯がそうだとしたら、むしろ危険な姿勢だといえます。

やりたいことと必要とされていること

若者たちの「離職理由」をよく眺めてみると、そこに欠落しているものがあることがわかります。《後工程》という概念です。後工程を考える姿勢とは、自分の仕事を受け渡す人のことを考えよ、という姿勢です。仕事を受け取る者の立場に立って仕事をせよ、ということであり、より完成されたかたちで仕事を渡せということでもあります。

後工程とは、チームで仕事をする上で欠かせない概念だといわれます。集団やチームでする仕事は、「やりたいこと」を任されるのでなく、「必要とされていること」を任されます。つまり、若者たちがいう「やりたいこと」が、現場から「必要とされていること」と一致していれば、なんら問題はないのです。

必要とされていることには、一個人として必要とされていることと、集団のなかで必要とされていることがあり、人によっては近い将来、組織体を背負い、舵取り役を担う立場の人間として必要とされていることも含まれます。

ひとりで事業をする場合も、一個人に求められるのは、社会が「必要としていること」です。自分のしたいことだけをするというのは、開拓を伴うがゆえに前衛的に響きますが、実はこれほど保守的な生き方もありません。なにより関係性についての思慮が抜けています――。


若い人のなかには、これだけ多くの他人がいるのだから、そこに自分の才能が発揮できる場があっていいはずだ、と思っている人もいるようです。

けれども主観と客観が融合したような場所のことを、西田幾多郎は〝無の場所〟、あるいは〝絶対無〟と呼びました。自分と他人、主観と客観がひとつになって融合した無なる場所においてのみ、人間は存在するという考え方だとわたしは理解しています。他人という鏡に映し出され、切り取られた部分にのみ自分がいると換言してもよいでしょう。

必要なこととはすべからく相関関係のなかから生まれてきますし、相関関係とは自分と他人、主観と客観がひとつになって融合した無なる場所で発生しているとわたしには思えるのです。

すべては相関関係のなかから

自分の姿を自らの目で見ることができないように、自分というものは他人を介してしか把握できません。仕事ができる人というのは、自分でそう思うからでなく、他人が下す評価から生まれてくることを考えればあきらかでしょう。

一方、相関関係には、引力というものが発生します。仕事でいえば、「必要とされていること」です。自分が必要としているのではなく、他人がそれを必要としているわけです。

他人から求められていることに心酔するようになると、ある部分に明るさが生じてくるようになります。それを突き詰めてなお明るくすることが、いまでいうスキルを磨くということなのではないでしょうか。

そうしているうちに周囲がぼんやり見えるようになってきます。明るい一点は、暗い他の部分とことごとくつながっており、そこに全体があります。明るさが増せば増すほど、相関関係ははっきりしてきます。大事な仕事を任されているといった自覚はここから生まれてくるのでしょうし、自分がいる場所も他人を介して、よりはっきり見えるようになります。

適職が与えられないと嘆いてばかりいては、相関関係は徐々に薄れてゆきます。そこでは自分のみならず他人さえも規定することができませんから、自分の居場所がなくなってしまうことになります。

バブル期入社組と就職氷河期組と、現代の新入社員を比較

人間の資質そのものは、たかだか数年や数十年で変わるものではありません。ということは、世代差があるように見せている要素は、個人の資質レベルの問題でなく、育った環境や時代性など、体験した環境に求めることができるはずなのです。

たぶん読者の皆さまが知りたいのは、若い世代の特徴なり差異ではないでしょうか。ならば、わたしが受けた率直な印象を並べてみましょう。

ひとつ。自らの産業医活動を通して勘案する限り、バブル期入社組と就職氷河期組とのギャップは、ほとんど感じません。またバブル期入社組が、それより上の世代と較べて悠長な生き方や考え方をしているという実感もありません。もっともこれにはバイアスがあります。超就職氷河期以降の就職氷河期組は、入社して二年足らずでおよそ四割近くが離職していきましたが、やりたかったことをいましているかどうかについての追跡調査はし

ていません。つまり離職者たちについて、わたしはその導入部分しかかすめ取っていないことになります。

ふたつ。就職氷河期組の世代は、見極めがストレートだと思うときはたしかにあります。たとえばある社員は、自分が与えられた仕事のありかたに対して真正面から異論を唱えました。「長いものには巻かれろ」が、職場の不文律になっているとのことでした。わたしが判断する限り、彼の主張は正論でした。ところが彼の上司は、部下たちの意見にまるで耳を貸そうとしませんでした。そこでどうなったかというと、彼は社内の公募システムを利用して手を挙げることで、自らの職場に見切りをつけたのです。教育システムがしっかりしている新たな職場で彼はいま、日々トレーニングを受けています。

ある医療機関でも、似たようなことが起きていました。××科では部長と医長を残して若手医師の四名が同じ日に辞めたため、業務に支障が出るようになりました。四名はいずれも本書でいう就職氷河期世代に属しています。これまで就職氷河期やバブル期は、医師の就職とは無縁でした。医師たちは、市場経済の外で動いていた観さえあったのです。ところが、いまでは若手医師を中心に、医療の人材市場が大きく動いています。見極めたらあっさり背を向ける傾向がフツーになっているのでしょうか。理由はどうであれ、複数の医師が自らの意思で同時に辞職するといった行為は、わたしが病院にいた時分には、まずありませんでした。

三つ。現代の新入社員、つまり二〇〇六年と二〇〇七年に入社した人たちは、それより上の世代と明らかに異なっているという印象があります。ひとことでいえば、数年前に見られたシラーっとした感じがなく、総合的に〈デキる〉のです。バランスがよいのでしょうし、気になる歪《ゆが》みがほとんど感じられません。年相応のオトナらしさを伴っているのだろうと、わたしは理解しています。

四つ。歪みがある、というよりバラつきが大きいと感ずるのは、バブル期入社組ではなく、就職氷河期に遭遇した団塊ジュニアの周辺です。わたしの経験に基づく限り、職場にいながらも仕事と関係ない問題を抱え込んで揺れているのは、いまもこの世代に集中していますし、極めて早期に離職していった新入社員たちの大半がこの層に属していました。

社会のなかの居場所を探せ

就職氷河期組に限らず、人の考えは常にドリフトします。しかし生き方は、考えとちがって意のままになりません。ドリフトした考えがそのまま生き方に反映されているような危うさを捨てきれないでいる層は、真性団塊ジュニア、つまり親を団塊世代に持ち、なおかつ後期の就職氷河期という時代のポケットにはまった世代の周辺にたむろしています。

この層では、きらきら輝いている人と、自分を見出せないままでいる人との差があまりに歴然としています。差とは、ものの捨て方のちがいでしょうか。

輝いている人たちは、たとえば世界を視野に入れているスポーツ選手に代表されます。使ってもらえるために何をすればよいかを考え、実戦で敗けても「チームの課題が見えてきた」といっては軌道修正をかけていきます。彼らの何人かは進学という札を捨てたのでしょうが、他人との交流から学ぶという姿勢は一貫しており、軸がブレることはありません。

自分を見出せないままでいる人のなかには、徐々に屈折してゆく者さえいます。学歴の高低とは一切関係なく、正規雇用歴の有無とも関係しないようです。両群の差がどこでつくかといえば、打ち砕かれたのちに立ち上がったという経験のちがいではないでしょうか。自分がどれくらいの力を秘めているかなどといったことは、自分自身はもちろん、誰にもわからず、ただただ相手という鏡を通して見えてくるはずのものです。相手も自分も、すべては相関関係のなかにある——昔の人はこれを〝縁起〟と呼びました。

実社会でどう生きたいかを考え抜くより、どこで何をするかという居場所を定めたほうがよいはずです。実社会とは個人の居場所を越えた位相でドリフトしている媒体のことであり、居場所とは相関関係のなかから生まれてくるスペースだとわたしは思っています。

どこまでも理想の世界にこだわっているか、でなければ倒れるかといったふたつの選択肢から逃れることを考えないと、いつまで経っても自分は見えてこないでしょう。

転職業界では、一旦は職に就いたものの三年未満で離職した人たちのことを第二新卒といい、その第二新卒の市場がいまホットなのだそうです。短期間とはいえ実社会に触れることができた人はビジネス常識を持っている、企業を選ぶ基準が明確である、同世代への刺激や活性化が期待されるといった点を、企業側は積極的に採用したい理由として挙げています。ここはひとまず過去へのこだわりを捨て、上げ潮に身を任せて、一旦社会のなかに飛び込んでみるのも悪くない気がします。

3. 中堅となってから職場を去ってゆく若い人たち

考えることができない職場環境

ところで職場を去ってゆく人たちは、新入社員や就職して二、三年以内の人たちだけに限りません。中堅になってこれから組織の屋台骨となって引っ張っていって欲しいと期待されている人たちにも増えつつあるようです。だとしたら、その理由をどこに求めればよいのでしょう。参考になると思えたコラムが、知人から渡された銀行関係の雑誌にあったので、抜粋引用してみます。

銀行界に目を移すと、大手銀行の再編成の最中には、多くの銀行員が外資系金融機関などにこぞって移籍したが、それは峠を越した。学生の就職希望ランキングでも銀行は復活を遂げている。

しかし、有能な銀行員が邦銀に見切りをつけて去っていく様には依然歯止めがかからないようである。（中略）つまり、一見、ブランド力を取り戻したように思われる銀行であるが、事態の深刻さから抜け出してはいないのである。日本のプロ野球同様に、人の流出はそこにいくら人為的な規制をかけても止め続けることは難しい。流出を食い止める方法はただ一つ、職場を魅力のある場とするしかない。（中略）今の銀行は規則やルールでがんじがらめである。（中略）これをすべて完璧にこなしていこうとしたら、余計なことを考える余裕はなくなる。（中略）昔は、営業の推進方法にしても、若手の教育方法にしても、取引先に対する与信方針にしても、もっと議論を尽くしていたような気がする。換言すれば、各々が銀行業務について考えて行動していた。前記のとおり、今はそのような余裕はとてもない。必然的に自分で考えて行動しようとした者は弾かれてしまう。

（『近代セールス』二〇〇七年六月一日号）

忙しい忙しいといって考えることをしないと、大事なものが忘れ去られてしまう。議論することはすっかりなくなった。その結果、職場から求心力が消え、有能な人が去っていってしまうという指摘です。

重くなり過ぎた末の絶望

銀行界は成果主義がさほど色濃く入っていないと知人は語っていましたが、いずれの組織体でも抱えている問題は共通しているように感じられます。本章の冒頭で触れたように、必要とされているはずの規則やルールに縛られ、身動きできない状態のなかで業績向上が求められ、本質的な部分についての議論を交わす余裕すらないなかで違和感を覚える社員たちが増えているらしい、ということです。いや、違和感を覚えるのであれば、まだいいのです。考えることもなく、疑問を抱くこともなく、忙しさしか感じられない――こうした事態のほうがよほど深刻でしょう。

何かを伝えようとしても、考える時間さえ与えられないのだとしたら、即時的なテクニックを教えるしかありません。それがたとえば営業のノウハウであり、取引先に対する与信マニュアルでしょう。

本来的な業務以外の規則やルールを相次いで背負うことは、ウイルス対策のソフトを次々と組み込まれたパソコンに似ています。重くなった回路は、処理に要する時間が冗長になります。まるで幾重にも甲冑《かっちゅう》を背負わされた武士のようです。弓矢から身を守ることはできても、フットワークを奪われた状態で戦うことは、物理的に不可能なのです。

財務管理など朝飯前であるはずの金融業界や損保業界で、内部統制の仕事を兼任させられた中堅層が体調を崩して複数辞めていっているとの情報も知人たちから届きました。代わる人材には困らないのでしょうが、どうも釈然としない話が多すぎます。

中堅にいる人たちが辞めてゆく理由。それはたぶん、徒労にも似た絶望感のように思われます。何に対して絶望するかといえば、おそらく、考える余裕がすっかりなくなった業務に対してであり、考えること自体を放棄し、喚起さえしなくなった組織体自身に対してであり、不要なものばかり身につけて重くなってしまった自分の身に対してでしょう。

4. 結詞

絶望の淵から

三〇代の後半にいるバブル期入社組を「雇用過剰世代」と呼ぶ人がいます。理工系を出たのにテクノロジーへの探求を捨て、証券会社が提示した札束にあっさり飛びつき、二〇〇万円ものボーナスを手にしたあと、会社崩壊とともに捨てられたという人もいます。生き残ったにしても人件費削減の名のもとに、さらなる生き残りをかけての戦いがこれから待っているという人さえいます。

三〇代前半の就職氷河期組は、平成不況の煽りを喰らった経験から立ち直れないままでいるという人がいます。仕事をしないで「自分探し」なんて甘えていると意見する人もいます。バブル期入社組の上司に必要以上の警戒感を抱いている、といわれるのも特徴でしょう。就職氷河期組は、バブル期入社組からの鋭い意見を受けて離職する例が、いまも少なくないようです。「キミたち、実績と呼べるもの、ある？ オレたちを心配する前に、ちゃんと実績出してからモノをいったほうがいいよ」というのが、バブル期入社組の代表的な意見のようです。就職氷河期世代がバブル期入社組を目の敵にする理由は、このあたりにあるのでしょうか。

バブル期入社組と就職氷河期組という、激動の時代に翻弄されたふたつの世代は、オトナたちがもたらした《バブル》に、すべての原因があったように思えます。その意味で三〇代を構成するふたつの世代は、いずれも現代社会の被害者だと、わたしは思っています。

平成不況の被害者という視点に立てば、あるいはマーケティング調査によれば、三〇代前半の考え方や価値観は二〇代後半と連続しています。二〇代後半にいる労働者は順次、三〇代になります。職場で揺れる三〇代現象は、数年ほど続くと見るのが相応でしょう。

そういうと未来は闇だと開き直ってしまう人がいます。けれどもそうではないことは、戦後復興を遂げたニッポンを見ればわかります。大きなプロパガンダがあったわけでもないのに、いくつかの難関を日本人はクリアしました。第二次世界大戦後の難関がポストバブルであり平成不況であったなら、予想だにしなかった難関も次々とやってくるでしょう。わたしたちが知っているのは、自らを信じ気概を鼓舞させて、戦争という難関を乗り越えたひとたちがたくさんいたことです。

絶望の先には終息が待っているとの見方は、早計だと思われます。


働いていようがいまいが、わたしも、わたしたちの世代も、それより上の世代も下の世代も、若い人たちを救うことはできません。生きてきた環境から派生するはずの価値観が大きく異なっている以上、救うなどという概念を持つこと自体が誤っているのでしょうし、不遜なことです。自らの力で歩け、という他はないのです。

万物は低きに流れ、ヒトも安楽な方向に流れる。そのこと自体はおそらく、自然なことです。安楽な方向に流れるのは自然現象であって、善悪のもとに抗《あらが》ってみたところで限りがあります。何が正しくて何がまちがっているのか。そんなことは生きている最中にはわからないはずです。生き抜いたあとでさえ、事実だったのか夢だったのか蜃気楼《しんきろう》のごとくわからないことが実はたくさんあるようです。それらはことごとく歴史に刻まれています。

そうして気の遠くなるような長い時間が流れたとき、何が正しくて何がまちがいであったのかの輪郭は、後世の人たちの目に見えていることでしょう。

底からの脱却

二〇〇七年の新入社員たちを、細かい損得勘定で動く特性から「デイトレーダー型」と命名した社会経済生産性本部は、「ネットを駆使した横のつながりによる情報交換が活発で、早期転職が予想される」と占いました（二〇〇七年三月二七日　毎日新聞朝刊）。

離職するかしないかは、ひとえに若い人たちの価値観や生活観に左右されるのでしょうが、新入社員たちは、ひとつ上の世代である若者たちが取った行動から多くを学んだと語っています。「盲信的に掲げた価値観の上に立てたビジョンは、砂の上に建てられた城である」ことと、「したいことがどこかにあるはずとの確信を抱いても、最初から八艘《はっそう》跳びをしていては、その先で立ち往生するだけ」ということの二点を、彼らは先輩からの教訓として掲げています。

だからかもしれません。フレッシュマンたちにはそれを礎にして、同じ轍は踏まないといった気概さえ感じられます。ですから社会経済生産性本部の占いとは反対に、若い人たちが早期に辞めていく現象は、かつてほど加速しないだろうとわたしは想像しています。

カイシャなどという枠にとらわれることなく、自分に合った生き方を選択する自由は誰にでもあります。リベラルな生き方を望みながらも、カイシャの試験を受けてみたら受かってしまい、「したいことをやらせてもらえず、報酬を搾取されるばかり」と嘆くのはおよそ、了見ちがいでしょう。自分たちの環境は自らの手で打ち砕き、開拓してゆけばよいのです。

一方、中堅の立場にいながら業務は重くなるばかりで、自分が崩れてゆく気配を感じ、組織体は人を補充することを拒んでいるのであるなら、自分を守ることを第一優先にした生き方に切り替えることを勧めます。

そこで何をするか。そのときこそ、一度立ち止まってみてもよいのではありませんか？社会で生きてゆくだけの力はほぼ備わっています。周囲から聞こえてくる価値観などはさておき、自分の力量は何に向いているかを、肩の力を抜いてじっくり考えてみてください。

「したいこと」にこだわる姿勢を一旦捨てよ

白書には、無業者についての調査も載っていました。そこには若年者の戸惑いと諦念が混在しているようにわたしには思えました。少し紹介してみましょう。

無業である若年者の八割弱は、無業であることに焦りを感じています。さらに無業者の求職活動状況では、およそ八割の若年者が一度は求職活動を経験しています。残りの二割の若年者は一度も求職活動をしていないと応えていますが、その理由は「人づきあいなど、会社生活をうまくやっていく自信がないから」が三三・六%、次いで「健康上の理由」（二九・三%）、「ほかにやりたいことがあるから」（二八・三%）、「能力・適性にあった仕事（向いている仕事）がわからない」（二五・四%）と並んでいます。

こうしたことから白書では、「現在無業である若年者は、無業であることに焦っているものの、生活を送る上での経済的不安というよりはむしろ、自分のやりたい仕事がわからないという不安や、他者との関わり（コミュニケーション）への不安が焦りにつながっていると考えられる」と考察しています。

すでに記してきたように、自分のやりたいことは何となくわかるようでいて、実はやってみるまでわからないというのが自然だろうとわたしは思っています。二〇歳であっても三〇歳であっても、あるいは四〇歳になっても、本来、やりたかったことが何であるのかわからないのがフツーではないでしょうか。もしそうなら、やりたいことがわからないことを理由に不安を覚えるのは、〔誤った思い込みから生まれる不安〕ということになります。まったく意味のない、ムダな不安です。

少し冷静になって考えてみましょう。人より秀でていると自分も他人も思っていることが三つあったとします。しかしそれを同時に育てることは難しいはずです。生業《なりわい》であっても趣味であっても、そのうちのどれかひとつを選択して生活のなかに取り込んでいる。それが精一杯なのです。取り込めていれば、まだましなのかもしれません。

生きてゆく上では生業が一番大事ですから、最も秀でているものが捨てられてしまうことはよくあります。本人が永眠してしまったら、誰もそれを証明することはできません。

けれどもなかには、何かの理由で一番大事なことができなくなってしまう場合がありま す。そのときはやけっぱちになって挫折し、この世の果てを感じ、誰よりも貧乏くじを引いたと思うでしょう。しかしそれから別のことをするようになって大きく花開いた例をいくつか知っています。ある障害者の方がそうです。教員をしていたというその人はいま、手でない部分で筆をあやつって人を癒す絵や文字を書いています。ちょっと見るとどこにでもありそうな絵なのに、安心できるような何かがあるのです。

現役でありながら、立派な記念館もできました。

もしアクシデントがなかったら、教員生活を続けながら趣味の範囲で絵画を描いていたのかもしれません。けれどもいまのように人のこころに届くような絵が描けていたかどうかは、誰にもわからないのです。描けていたかもしれないし、描けなかったのかもしれないし、仕事に追われて描く機会さえなかった可能性だってあるのです。

若いうちからやりたいことを規定してしまうことほどつまらなく、またもったいないことはないのではないでしょうか。やりたいと思っていることを大切に温め、それに近づいていくような生き方をしながら、徐々に絞り込んでゆけばよいのだろうとわたしは思います。

若い人が煽られる時代

さらに白書には、職業生活において困っていることについて正規雇用の従業員を対象として行ったアンケートもありました。それによれば、「自分に合った仕事がわからない」とした者が最も多く二七・二％であり、次いで「困っていることは特にない」が二五・五％でした。しかしそのあとに、「今後の相談ができる機会が不十分」（二三・二％）、「社内における教育訓練機会が不十分」（一九・八％）という理由が続いています。

一方、職業生活やキャリア形成に関する主な相談相手を調べたアンケートでは、「職場の上司や先輩」が五〇・四％と断トツであり、「職場の同僚」が三六・九％で次いでいます。

若い人たちが生きがいを感じて仕事をする時代はもう来ない、といった風潮が強いのは、誰かが煽っているだけではないか、との意見を聞いたことがあります。煽っているというのは、たとえば「終身雇用が完全に崩壊してしまったいま」などといった表現でしょう。読み方によっては、誰もが五〇歳に満たない段階で離職せざるを得ないとも取れますし、定年延長に関する要素が削除されているようにも読めます。

若い人を煽っている表現が多いとは一概にいえないでしょうが、対外的な評価に振り回されてばかりいて、自らが抱える内部の危機を真っ向から考えようとしない組織体が増えていることは、わたしの実感からすれば残念ながら事実です。若い人を中心とした従業員たちが何を考え、何を求め、何に叫び声を上げているかについて耳を傾けてゆかないと、離職者はこれから徐々に増えてゆくはずです。中堅と呼ばれる人たちが職場を離れてゆくことは、本人にしてみれば最大に譲歩した末の行為でしょうが、組織体にとってはそれ以上の損失でしょう。意思疎通が粗雑になった組織体はそのうち推進力を失うだろうとわたしは思っています。

ところでいまという時代、組織体を維持する上でも、有能な離職者を不用意に出さないためにも、コミュニケーションが大事だと、どの組織体も口を揃えます。けれどもどうしたら粗雑なコミュニケーションを立て直せたか、という実績について、胸を張って主張している組織体はさほどありません。

コミュニケーションを考え直す

コミュニケーションの語源がコミュニオンであるごとく、その根源は「共有」にあります。コミュニケーションを保つために〈何を共有すればよいのか〉と問われると、意思疎通とそのまま訳してしまうか、「情報」と応えてしまう人が相当数います。

共有すべき要素が「情報」でないことは、たとえば同じベンチに座って、同じ新聞を読んでいるふたりのビジネスマンを想像してみればわかるでしょう。いずれも同じ情報を共有しているはずですが、そこにコミュニケーションはありません。

ところが掲載されている記事について相手に話しかける必要が生じますと、そこにコミュニケーションが生まれます。大地震の記事を読んでいたら、こちらもぐらりと揺れたような場合です。「地震ですか?」のひとことから、コミュニケーションは生まれるのです。

コミュニケーションを保つ上で共有すべきは「情報」ではありません。頻繁にメール交換がされているからコミュニケーションは保たれていると安心していてはいけないのです。のべつまくなしにメールを発信することで、コミュニケーションが保たれていると信じている人がいかに多いことか。電子ゴミとして捨て去られたり、電子ゴミと割り切れずに抱えたままにされているメールがいかに多いことか。

まわりを見回してみるとよくわかります。それらのことごとくは情報の名のもとに、時間を割いて作成されたものばかりです。時間が経ったというだけで、不要だと捨てられ、意味不明に抱え続けられているゴミの正体は何なのでしょう。

コミュニケーションとは、発信した人の意図が受信した相手にしっかりコミットし、それによって発信者と受信者の双方が揺さぶられるといった力を持つ「ベクトル」のことだとわたしは思っています。いい換えれば、電子ゴミとして捨てられたり、相手に到達してもさしたる変化を及ぼさないものは、放たれたベクトルが矮小《わいしょう》であるか、誤った方向に飛ばしていることを発信者が気づいていないかの、いずれかだろうと考えます。

おはようという、たったひとことの挨拶でも、相手にコミットして揺さぶるだけの力があります。メール文書を読むよりも、面と向かって五分でも話したほうが相手のこころにコミットし、また共鳴音を発することは、誰もが経験しているはずです。

社内でフリートークができるカイシャに

働きやすい職場とは、意見を聞いてくれる人がおり、何でも話し合いができ、対話を通して考えることができ、人を育てる教育ができている職場です。つまりコミュニケーションを保つために共有すべきは、さまざまな人の体験であり、また対話できる場でしょう。自由に話し合いができる職場をめざすなら、メンター制度を導入するのも一考です。メンター制度とは、よき指導者や恩師格の人が悩みや考えを聞いてくれるシステムをいいます。人材育成の手法として導入されたのは一九八〇年代ですが、どちらかというと若手の相談を、そのすぐ上の年代にいるお兄さんやお姉さん格の人が対応している会社がまだ多いようです。

本来の目的からすれば、社内のどこにいる誰もが、社内にいる誰にでも相談できるシステムが理想です。相談したい側からすれば、相談相手は誰でもよいのでなく、それぞれのもつ経験や情報によって異なっているからです。経験とは、面接のときに好印象を持った上層幹部であったりします。情報としては、どこそこにいる誰々さんは人間再生工場みたいな力があるらしいといった意見に代表されます。

誰にでも相談できるシステムを築くには、社内での合意が必要になってきます。個人の業績が重く評価される時代のようだからです。相談に費やした時間を勘案して、業績に加算するようなシステムでなければ、相談された側は迷惑としか感じないでしょう。それではメンター制度や相談制度は機能しません。

組織体の上層幹部たちと、他の従業員たちの溝をどう埋めるかがいよいよ問われています。若い人たちを中心とした従業員たちが、具体的に何を求めているかは、白書から素直に学べばよいことです。

若い人にも、それより上の世代にいる人にも、大切なのは世代ではなく、個人です。

とはいえ労働社会全体を見渡したとき、考えや戸惑いがブラックボックスのままで放置されているのは、三五歳未満の若い人たちです。ブラックボックスという謎の部分に近づくには、もっともっと直截的な提示がいるのかもしれません。いわば若い人たちの肉声であり、こころの叫びです。

そこで付章では、事実の痕跡から派生した生《なま》のメッセージをいくつか並べてみます。

いまのわたしが、管理職の方や若い人たちに提示できるものは、事実の痕跡だけでしょうから。

付章　産業医からのメッセージ

完成度の高い、モノに囲まれた社会で

やりたいことをしたいと思って世を彷徨《さまよ》っている若い人に対して、ドリフトした考えがそのまま生き方になっているような危うさがある、とわたしは述べました。その一方で、たくましく育ってゆこうとしているもっと若い世代には、生命力の熱い息吹を感じていることにも触れてみました。

そういえば連載「ロストジェネレーション」の《自分探し世代》に、「自分のやりたいことをやりなさい」という親のことばがありました。子どもにメッセージを告げた親の世代は、やりたいことができていたのでしょうか。社会に入ってやってきたことは、やりたかったことでなく、必要とされていたことだったのではないでしょうか。必要とされていたことが伝承されないまま二〇〇七年になってしまうからこそ、二〇〇七年問題といわれていたのだと思います。

だとすれば「必要とされていることのなかから、興味が持てるものを探しなさい」といって欲しかった気がします。

ある若い人は「わたしたちが生まれた時代は、モノがすでに溢れていました。完成度もかなり高い状態でした」と語りました。生まれたときから物質的に恵まれていた世代は、このような思いを共有しているのでしょうか。

けれどもわたしは「必要なモノが溢れており、しかも完成度も高い」時代になったと感じたことは、これまで一度もありませんでした。正直にいえばむしろ、ほど遠くなっているといったほうがしっくりきます。どうでもいいものばかりが増えているように感じられるのです。実をいえば、わたしの周辺にいる同世代の人間が集まると、往々にしてこうした話になります。

大人から子どもまで、モノはすでに溢れていると感じている人がそれほど多いだろうかと、疑問に思うときがあります。それはモノを、物質的なモノに限定するかどうかにかかっているはずです。物質的なモノはまごうかたなく見える存在ですが、そうでないモノも、かつてあった状態から失われてくる途上にいると、意外と見えてくるものです。

失われてしまったように見えるモノは、物質的に豊かになった時代がもたらす負の代償とは限りません。なぜなら生活物資という側面から見る限り、昭和は大正より豊かであり、大正は明治より豊かであったはずですが、大正は明治にあった大切な何かを失うことによって生じ、また昭和は大正にあった大切な何かを失うことによって生じたとはいえないはずだからです。

誰もが住みやすく、なお高い完成度を現代社会に求めるのであれば、失われてしまったモノについていま一度考えてみてもよいのではないでしょうか。

ときの運と、事実の痕跡

職場はときに〔壊れる〕ことがあります。敵対的買収に代表されるように、外部の力によって消えてしまうこともあるのです。現代は、よりきちんとした防衛策なり外壁を持っていなければいけない時代なのでしょう。

一方、内部に問題があって壊れた職場を観察すると、そこには壊れるに値する要素が複数あったことに気づかされます。職場環境に無関心の上司がいたり、過去のしがらみから逃れられるはずはないと誰も傍観していたりすれば、職場はそれだけで壊れます。あっけないほどです。外壁だけでなく内部の一体感や危機管理意識も、外壁と同じくらいに手を打って補強してゆくことが求められる時代になっているのでしょう。

一体感や危機管理意識は、強化して得られるものではないようです。一体感は業績向上や社会的ニーズによってもたらされ、危機管理意識は強い揺さぶりを体感したのちにはじめて構築されるようです。いずれも並々ならぬ工夫が要りますから、どこでも誰でも構築できるとは限りません。

職場が壊れてしまうのは、ときの運かもしれない――そう思うときさえあります。「この世に生を授かり、さしたるケガもなく与えられた天寿を全うするのは、ほとんど奇蹟に近い」と語った先人がいました。天寿を全うするのもしないのも、ときの運という意味でしょう。ひとりの人間が壊れる現象は、極力見たくないと皆が願っているはずです。しかし、ときの運というものから人は逃れられません。残念ですが、「ひとりの人間に避けるだけの工夫があれば、たぶん逃れられる」とまで、わたしには断言できません。

なんらかの事情を抱えて職場を去っていった人からお手紙をいただいたり、深刻な顔をしていつか相談に来たことがある人と道端ですれちがったりすると、消え去ったはずの想いに、ふと包まれるときがあります。行き先を失くしたまま、漂い続けていた記憶。ここに記したメッセージは、どれもそんなものです。

それぞれの理由を抱えて、職場を去ることを選んだ若い人たち。

反対に、職場に留まることを選んだ若い人たち。

いずれの例も面談を終えた日の夜にわたしは、印象に残った思いや風景をパソコンに打ち込みました。いわば事実の痕跡です。これらはつまり、日の目を見ることがなかったはずの未発信文書といってよいでしょう。若い人たちの思いと、わたしの思いが互いに行き来し、そこから若い人たちへと投射されたものがメッセージだとしたなら、わたしもたぶん、若い人たちから何らかのメッセージを受けていたはずなのです。

この数年というもの、若い人たちに何が起きていたのでしょう。二〇代から三〇代の若い人たちに宛てたメッセージを細かく刻み、置かれた背景についての簡単な説明を加えた上でラフにシェイクして若い労働者たちへ再発信してみます。それはそのまま、四〇代や五〇代の人たちが若い人たちに抱いていた疑問を解くためのヒントになるかもしれない、と感じてもいるからです。

三四歳の〇〇さんへ

彼を市中病院で診たときの病名は、気管支喘息《ぜんそく》。当初は、湿度の高い地下室にこもっての作業によって症状が出たものと思っていたが、それは誘因に過ぎず、主な原因はストレスにあることがわかってきた。治療に対する反応は一進一退で、症状は極めて不安定だった。ストレス性喘息によくあることだ——。

自律神経は、不思議です。「じりつ」ということばをキーボードで打って変換してみたら「自立」と出てきました。最近のパソコンはその横に意味まで並んでいます。自立とは「自分だけでものごとを行うこと」。それなら自律でしょう。そう思ってその下にある自律を見たら「自分をコントロールすること」とありました。

両者の差がわたしにはよくわかりません。ひょっとしたら自律神経は、自立神経ではないかしら。あなたの症状はコントロールされているはずの神経が暴走し、手がつけられない状態になっていました。その神経系は自分だけで勝手に動いているようにも見えました。

コンピュータのソフト開発をしているとおっしゃっていました。あの有名な会社ですね。CMを見たことがあります。あなたが体調を崩された発端は、商品のクレーム処理や使用説明の業務を任されていたとき。出たばかりのソフトについて、電話帳ほどの厚さを持った取扱説明書を片手に、時差のあるアメリカへ問い合わせをしていた最中、喘息発作に見舞われたのでした。地下一階にある窓のない換気条件が悪い部屋だったことも関係していたのでしょうが、主因はストレスにあったのでしょう。

それから配置転換になって、通信販売のオペレーターが用いるソフトを開発するようになったのでしたね。以前は別会社に頼んであったのを、対応に時間がかかり過ぎるという理由で、通販会社があなたのチームに白羽の矢を立てた。お客さまからの電話が鳴る。挨拶のあと相手の電話番号をいってもらう。過去のユーザーで番号が登録されていれば、こちらから相手の名を告げるし、そうでなければ相手の名をいってもらって登録する。めでたく顧客誕生。そして希望の商品と商品番号を伝えてもらう。そこから在庫確認をし、商品があれば注文を受ける。

それまでのシステムはこの部分、つまり在庫調べに時間がかかっていたとのことでした。

そのあと、簡単なアンケート。顧客の年齢、性別、何でこの商品を知ったか、見ていたCMのチャンネルはどこか。最後に住所と電話番号、それに商品内容と支払方法を復唱。到着予定期日を伝えて終了。処理にかかる時間は電話が鳴ったときから話が終わるまで、平均三分。

時間的問題がクリアできなければ、この話はなかったことにといわれているので、体を張って開発にかかります。一ヶ月が勝負です。そうおっしゃって、あなたは帰られた――。

肩で息をするようにして診察室にやってきたのは、それからひと月後のこと。呼吸状態より、顔色の悪さが心配でした。

ふた月ばかり休みを取ります。診断書を書いてくれませんか？　自宅で療養したいのです。そう切り出してきたあなた。ご自分からの提案に、わたしは正直、驚きました。しかもふた月。それだけ休めればこちらも安心だが、入院でなく自宅で大丈夫だろうか。

ソフトは完成。でも、徹夜作業が週に半分くらいありました。まあ限界ですね……。

あなたはそういいながら、うっすら微笑んだ。

それから簡単なやりとりをし、二週間分の薬を処方しました。

プリントアウトされた処方箋を渡しながら、わたしはこう訊いてみました。

それにしても二ヶ月なんて思い切りましたね。無事に開発が終わったので休職するための診断書を取りに来られたということでしょうが、迷いはなかったのですか？

いいながら妙な質問だと思っていると、意外な返事が返ってきたのでした。

ウチの社では、飛び込み寸前の人がたくさんいます。社内診療所の待合室に入ってみて、これは大変だと思いました。正直いって、ゾッとしました。この世の風景ではありませんでしたので。社内診療所の精神科は、二ヶ月先まで予約で一杯だと聞きました――。

二ヶ月の休養のあと半年ほどの時間をかけて、ほとんど薬が要らない状態にまで戻りました。具合が悪くなったらまた来ます、といってあなたは帰っていきました。


理性的なあなたがわたしのところに来たあの頃から、はや一〇年が経ちました。この二年ほど、あなたとは会っていません。恢復されたのだと思います。わたしも産業医などの仕事が忙しくなって、これまで続けてきた市中病院の外来を去年いっぱいで辞めました。

わたしは煎餅を求めて、あなたが住んでいる町を訪れることがあります。堅焼き煎餅を四〇枚ほど買って空を見上げると、ああ、あなたもこの空気を吸っているんだと感じます。少しせつなく、少し懐かしい町の香り。あなたが暮らす町に、わたしもそのむかし二年ほど住んでいたことがありました。

今年も頂いたお年賀状。転職されたのですね。

でも、お元気そうで何より。……ほっ。

三一歳の〇〇さんへ

児童虐待の経験を持つ彼女は、高校を卒業するまで施設に入っていた。思春期を迎えるにあたり、当時の家庭環境に問題があると判断されたからだ。そんな彼女は将来、楽しく明るい家族を持つのが夢だった――。

ぼくは子どもが欲しい。その子どもたちは、まっとうに育って欲しい。正直にいってくれてありがとう。そういうわけで、あなたとの交際は、これ以上難しいと思う――。

それがカレからの答え。

忘れてしまえば？　……施設に入ったのはあなたのせいではないし、そのことを子どもがまっとうに育たない理由に挙げるのは時代錯誤だろうし偏見でもある。わたしはそういいたかったけど、あなたとわたしは従業員同士という関係に過ぎないし、場所も診療室。そこまではいえません。夏休みが終わったら帰ってこないかも。そんな社内メールが送られてきて、夏休みが始まりました。

やっぱり帰ってきちゃいましたというのが、休み明けのあなたからの第一声。電話口の声が普段より元気なく聞こえたのはたぶん、気のせいだったのでしょう。

リセットする、というのは、とても大事なこと。スイッチを思い切ってオフにする。忙しくても、それができる人とできない人がいます。忙しいときのほうがむしろ、時間を作ってでもリセットすべきなのですが、頭ではわかっていても、なかなかという人が多いようです。


台風のさなか濁流に流されるがごとく、体ごと持っていかれるような「とき」というものを経験したことはありませんか？　あるいは上流がどこか、下流がどちらかさえわからず、淀んだまま停滞するばかりの「とき」のなかを彷徨った経験はないでしょうか？

一切の自由が利かず、何をしても裏目に出てしまうような「とき」です。

そうした場に遭遇すると、大抵の人は抗うはずです。本能的に「それはちがう」と感ずるからでしょう。わたしにも経験があります。

でもいつからか、流れに身を任せればいいと思うようになりました。終始、職務に追われ、ただただ時間の経過だけが早く、いつのまにかあたふたするようになり、身動きさえできない状況をいくたびか味わったのちの、いわば教訓です。

何年か生きていると、誰もがそんな経験をするのではないでしょうか。

翌年のゴールデンウィークのこと。旅先がわたしの自宅に近いところだったから、皆で一緒に夕食をすることになりましたね。仲間というのはありがたい。集まったあなたがたは、とてもステキでした。自分というものは徐々に固まってゆくはずで、それが次第に個性となって、生き方になるのでしょう。自力だけではなかなかうまくいかない。第三者の介在がどうしても要るのです。

リセットできたのでしょう、きっと。

おかげさまで、わたしにとっても思いがけないオフ・タイムになりました。

三二歳の〇〇さんへ

職場の異動を命じられ、慣れない仕事ができるだろうかと不安を抱えて医務室にやってきた彼は、上司に対する不安を抱いていた。以前の上司は聞く耳を持たず、叱責ばかりする人だったが、今度異動した先の上司はそれ以上に怖く見えてしまう。心配で夜は眠れないし、気持ちが小さく小さく萎えてゆくようだ。いいことなんてひとつもない……彼はそういった――。


飛行機が離陸するところ、見たことありますか？　映像でなく実際にです。なかなか感動的です。できれば夜がいい。余計なものが視界に入ってこない。

あの重い機体が地上から離れてゆったりと浮上する。揚力がどうこういいたいのではなく、事実には迫力がある。持っているパワー全開ってわけじゃないのでしょうが、おそらくはそれなりの加速をしているはずです。機体が大きいからさほど速そうには見えないけれど。

離陸するときには、充分加速する。これってきっと大事なんですね。加速しなければ離陸できない。まして失速は許されない。なにしろパイロットは人命を預かっていますからね。

さて、異動を命じられたといっておられましたね。それが不安なんだと。

でも、それって冷静に考えてみると、自然なことだと思います。

まだやったことのない業務だから、同僚や先輩たちの足を引っ張ることになりはしないか？　何といっても周りは、この業界で何年もメシを食っているベテランの人ばかりだから……。

そんなこともあなたはおっしゃった。

なら意見をいいましょうか。足を引っ張ることになるかならないか、ということなら、当初は足を引っ張ることになるのではないでしょうか。だって、これまで経験ないことを始めようというわけだし、周りがベテランばかりというならなおさらのこと。そうは思いませんか？　新しい業務に取り組んで、最初から水を得た魚のように自由奔放に動き回れる人なんているはずがない。わからないことがあったら、素直に訊くことです。こちらは知らないし、経験だってないのだから。相手だって、それを教えるというのは、大事な業務であり責務なんです。

ひとつアドバイスをするならば、ノートを持参されるとよい。不安を抱いたままで臨むと、聞き漏らしが生じやすい。それでなくても、新しい用語や技術を覚えなくてはいけないから、聞いたままだと右から左へと抜けていってしまうものです。

昨日聞いたことを、また翌日に尋ねるのは、気が引ける。だから聞いたままを記録する。いうなればカンニング・ノートです。自分で書いたものは後で読むと結構覚えているものです。

わたしが使っているカルテ。これだってカンニング・ノートそのものです。いつ、何があって、どう対処したか。たくさんのことはとても覚えていない。けれどもこうしてぱらぱらとページをめくれば、去年の何月にはこんなことがあって、今年の何月にはこういうやりとりがあったと思い出せます。読んでいると、どこでどういう恰好でしゃべったかという光景まで浮かんできます。

気持ちが小さく小さく萎えてゆくようだ。いいことなんてひとつもない。最近笑えなくなった。あなたはそうつぶやいた。そこから話が始まったのでしたね。

だからわたしは、あなたがおっしゃったことをそのままカルテに記録した。

気持ちというものには起伏があるんです。どんなときにも、多少の起伏はある。バイオリズムなんてことばで説明する人もいるけれど。

とにかくいまやらなければならないことは、離陸に必要な加速状態に持っていくこと。このままでは離陸できそうもないと思われたからこそ、あなたも連絡をくれたのだと思います。

いまのままで待っていることは、ハードルがどんどん高くなるのをじっと眺めているだけのようだとあなたは感ずるわけですね。であるなら、薬を手直ししてみましょう。気分が塞いだときに導入として用いるものを加えます。

薬は所詮、薬です。効くかどうかはわからないし、副作用が出るかどうかもわからない。一週間経ったところで、印象を聞かせていただけませんか。

それから一週間が経ってあなたはわたしにこう告げた。

あれは、魔法のクスリですね――。

最近笑えなくなったとおっしゃっていたけど、笑顔が戻ってきましたね。

あなたの笑顔。それはあなたが、もともと持っていたものです。思い出しました？

三〇歳の〇〇さんへ

上司とうまくいかない、といって医務室を訪れたことが何度かあった彼女。その都度アドバイスをしてみたが、今回はかなり深刻な様子で医務室にやってきた。「どうした？」

と声が掛けられないほど、彼女は切迫していた――。

診療室へ入ってくるなり絶句したあなた。じっとこらえていた目からひとすじ、ふたすじ涙が零《こぼ》れている。……焦らなくていい。しゃべれるようになったら教えてください――。

それから三〇分ほど時間が経った。

落ち着きました、とひと声。カルテを用意して、これから語られることをそのまま記載する。あなたのことばで。

ぽつりぽつりとことばが出てくる。わたしはそれを無言で記載する。

悔しいです。不甲斐ないです。わかっているんだけれど、どうしようもない。まだ入って半年しか経っていないこともわかっています。仕事も中途半端なことしかできなくてあたりまえだと思います。

上司だけが悪いとは思いません。それ以上に自分にも責任があるのですから。ただ……基本的にはよい上司だと思うけれど、気分にムラがあると感じます。正論に感じられるときと、感情的になって激怒しているときのギャップが大きいんです。それに怯《おび》えてしまうんです。

怯える必要はない、怯えてしまう必要なんてどこにもない、と自分にいい聞かせるんだけど、うまくいかない。休日もそのことがあたまから離れない。気分転換しようとしても、それまでどう気分転換していたのか、思い出せないのです。

悔しさを上司に感ずると同時に、自分自身にも感じます。不甲斐ないですね。でも、もう少しデリカシーを持って欲しいと思うんです。

自分が本当にしたかったことと、あまりに乖離があります。これまでしたいと思うことがいくつかあったのですが、何もしないうちにどれも通り過ぎていってしまったような気がします。いいえ、そうではなく、そもそもやりたいことなんてなかったのかもしれない。

でもそろそろ本当にしたいことを考えないと、と思うようになりました。くすぶったままの生活に、疲れを感じています。

そこからことばが途切れてしまったので、わたしは少しだけしゃべりました——。

したいことをして生きている人って、意外に少ないんだと思います。本当はあれをしたかったんだと思いながら、いまの仕事をしているって人が大多数なんでしょうね。

でも、したいことがあるってのは大事なことでね。さしあたってできることでもいいし、手の届かないところにある願望でもいいと思う。それを持ち続けることが大事なんでしょう。

さて、何をしたいんだろうね。ダメでもいいから、全身でぶつかってゆけるもの、そんな何かを感じていますか？　くすぶったままの生活ってことは、完全燃焼したいってことの裏返しですよね。そう——誰もが完全燃焼したいと思っている。


夢ですけれど……そこからあなたは、また話を始めた。

海外に行って活動してみたいと思ってました。学生のときも、説明を聞きに行ったことがあります。でもそのときは就職活動の真っ只中だったし、具体的なイメージも湧いてこなかったし。就職難だったから採用されたときはうれしかった。それは事実です。

ここでずーっと生きていこうと思いました。でも、辞めたら半年で挫折ってことですね。

挫折はイヤですか？　わたしの問いに、あなたはふと顔を上げたのでした。

普通はイヤなんじゃないでしょうか？ とあなたは応えた。

大きな挫折って、これまでしたこと、ありましたか？

あなたは、じっと考えていましたね。


少し気持ちが晴れました。そういってあなたはステキな笑顔を取り戻しました。

退職するといって挨拶に来られたのは、それからまもなくのこと。

青年海外協力隊の試験を受けてみることにしました。落ちても、もうここへは戻ってこれませんね。また就職活動します。お世話になりました——。

ぺこりと頭をさげるあなたを見て、何かがふっきれたのだと思いました。

そんなやりとりがあったことをすっかり忘れていたころ、一枚のはがきが届きました。

真っ青なカリブ海。この世のものとは思えない美しさです。

そこにはこう書かれていました。

元気でやっています。地球って広いですね。
もう忘れられそうです。先生もお体を大切にしてがんばってください。
夏休みを利用して、こちらに来られてはいかがですか？
楽園をご案内いたします。

かしこ

三三歳の○○さんへ

スマートに仕事ができる人たちが集まっている職場。そんな職場でも、忙しい頃合いを見計らったようにしてトラブルは発生する。彼らが中心になってなんとか乗り越えたが、そのうちのひとりはいった。「表情にゆとりがないって、最近カミさんからいわれるんだ。このところ苛立っているともいわれたし。オレ、そんなにヘンか？　ツンケンしているか？」――。

たぶん、わたしたちは疲れている。終わりのない仕事に？　それとも人間関係に？
そういえば、いきなり勃発したトラブルを夜遅くまで、毎日まいにちひとりで処理していましたね。あなたはパソコンに強いし、処理能力だって人一倍ある。

だからこそいろいろな仕事が舞い込んでくるんでしょう。

業務をこなす力が落ちてきているんだとおっしゃった。気分転換でもしようと、連休は温泉に出かける予定を組んだけれど、結局、仕事が一日延びてしまうことに変わりないからキャンセルした、と笑っていましたね。

気になるところです。仕事を家にまで持ち込んでやってはいないだろうか？

ひところ「ソフィスティケートされた社会」ということばが流行りました。そもそもこんな横文字を使わないで、「洗練された社会」といい換えて、どこに支障があったのでしょう。むろん、この用語は、よい意味で使われたのです。

けれどもソフィスティケートとは本来、人の純真さを失わせる、冷笑的なという意味を含んだことばです。皮肉にも現代は、本当の意味でソフィスティケートされてしまったのかもしれません。

九・一一事件の日、「ああ、このシーンなら見覚えがある」との既視感を持った人の数は、わたしの想像をはるかに超えていました。すべてが仮想社会のできごとと映ったらしいのです。

仮想と現実、洗練と泥臭さ、感情と理性、電脳とヒトの脳、利権と主張のバランス感覚。

メールばかり使っているけれど、本当はもっと話がしたいのではありませんか？　意見交換って、そんなに怖くて面倒ですか？　あなた本来の姿って何？　考えたこと、ありますか？

何かひとつのものを新たに手に入れようとしたら、いま抱えているもののひとつを捨てる覚悟が要る——そういった先人がいました。捨てなくても手に入るはず、と思っているのなら、きっと思い込みです。さて何を捨てます？　何なら捨てられますか？

温泉に行くといい。疲れているときこそ、時間を捨てればいい。ほら、そこで疑ってまた考えている。逃避だと思ってるんでしょう？　肉体を軽んじてはいけない。狭い世界に閉じこもっている限り、あなたらしさは次第に萎えてくる。そうなったら、戦略的な恣意はおろか、健康体さえ保てなくなる。

快適な日々を送るためのカギ……それは休日の過ごし方のすぐ横に隠れているんです。

あとがき

今年の二月。ある女性から、一通の手紙を頂いた。

「生きている限り、いくつになっても迷い悩むのが人間かもしれません。わたしの生もいよいよ先が見えてきました。老年期を生きることの辛さを、身を持って感じています。最近は体の衰えも激しく、自然体で生きることが一番よいのかもしれないと、やっとわかってきました」

さほど遠くない昔、高齢の男性を、市中病院の外来で診させてもらっていた。肺はすでに原形をとどめないまでに破壊されていたため、付き添ってこられた配偶者とも相談して対症療法だけを行った。おふたりのやりとりや、日常生活でのできごとを聞きながら、こういう老い方もあるのかと思った。老夫婦はそれほどにまぶしく、できれば自分もあやかりたいと願った。男性はビリヤードで使うキューの製作を生業にしておられ、スコッチをこよなく愛する人でもあった。

お手紙を頂いたのは、配偶者だったFさま。御齢八三歳。四枚の便箋は、ゆれのない達筆で埋められていた。ご主人の永眠を知らされてから、すでに数年が経っていた。

八三歳という年齢は、わたしにとって遥か遠いかなたにある存在でなく、八〇歳に満たない男性の平均寿命からすれば、その齢まで生きていることのほうが、むしろ奇蹟である。


三〇代後半のとき、倍にした年齢が平均寿命に至らないので、マラソンでいえばまだ折り返し地点の前だろうとわたしは思っていた。四〇歳を過ぎて、折り返し地点を過ぎたのだなと感じた。けれども先にあるはずの到達点を意識したことはなかった。

最近になって、仕事のことや働くことを考える機会が増えた途端、生きていることのあっけなさを身近に感ずるようになった。自分も含め、五〇歳を超えた人たちの姿や行動を目にするたび、〔就労における旬のとき〕なり、〔働くことの寿命〕について、妙に思いを巡らすようになった。むろん業種に差はある。それでも働ける期間というものは、想像を超えて遥かに短いようだと感ずるようになった。過労問題とは、また別の話である。

人の一生は、思っているほど長くないらしい。走り続けていても、立ちすくんでいても、終《つい》のときは意外と早くやってくる。拝受したお手紙を読んでみて、あらためてそのことを知った。

本書を作成するにあたり、労働のありかたや組織体との向き合いかたなどを、三〇代の周辺に焦点を当てて考えてみたつもりだった。しかし、この書で本当に伝えたかったのは、〈生《せい》〉そのものだったのかもしれない。いまはそんな気がしている。

原稿が未完成の段階で、三〇代の方と五〇代後半の方二名にお読みいただき、貴重なアドバイスを受けた。わたしから申し出たことだが、幻冬舎編集者の鈴木敦子さんは快諾とともに手配してくださった。企画を頂いたことも含めて、ここに深くお礼申しあげたい。

さまざまな意見を聞かせてくれた若手の方々は、まもなく次世代の牽引者になるはずである。期待とともに謝辞をお贈りする。ありがとう。

荒井　千暁

資料

『労働経済白書　平成一七年版労働経済の分析』二〇〇五年・厚生労働省
『若者はなぜ3年で辞めるのか?』城繁幸・二〇〇六年・光文社新書
『こんな上司が部下を追いつめる』荒井千暁・二〇〇六年・文藝春秋
連載「ロストジェネレーション」朝日新聞・二〇〇七年・朝日新聞社
特集『団塊Jr　独身は貴族じゃない』日経流通新聞
二〇〇六年・日本経済新聞社
『どう動くマス世代の消費　―団塊&団塊ジュニアの意識と行動―』
二〇〇六年・日経産業消費研究所
『正法眼蔵講和I～IV』西谷啓治・一九八七年・筑摩書房
『サラリーマンと呼ばないで』毎日新聞特別取材班・二〇〇三年・光文社

インターネットから

「『若者はなぜ3年で辞めるのか?』の著者、城繁幸氏に直撃インタビュー」

二〇〇六年一〇月・TKプラス　東洋経済オンライン

著者略歴

荒井千暁《あらいちあき》

一九五五年静岡県生まれ。新潟大学医学部卒業。
東京大学大学院医学系研究科修了。医学博士。
東京大学医学部附属病院物療内科を経て、
日清紡㈱健康管理部長、同社統括産業医。
専門は呼吸器病学、アレルギー学。
現在は、就労と健康を考える
労働衛生・産業医学分野に重点を置いている。
著書に『こんな上司が部下を追いつめる』(文藝春秋)、
『職場はなぜ壊れるのか』(ちくま新書)などがある。

幻冬舎新書 051

勝手に絶望する若者たち

二〇〇七年九月三十日　第一刷発行
二〇〇八年十月　一　日　第二刷発行

著者　荒井千暁
発行者　見城　徹
発行所　株式会社　幻冬舎
〒一五一-〇〇五一東京都渋谷区千駄ヶ谷四-九-七
電話　〇三-五四一一-六二一一（編集）
〇三-五四一一-六二二二（営業）
振替　〇〇一二〇-八-七六七六四三
ブックデザイン　鈴木成一デザイン室
印刷・製本所　図書印刷株式会社

Printed in Japan ISBN978-4-344-98050-1 C0295
あ-2-1

幻冬舎ホームページアドレス http://www.gentosha.co.jp/
＊この本に関するご意見・ご感想をメールでお寄せいただく場合は、comment@gentosha.co.jpまで。